Como se Tornar
Linda, Rica e *Perua*

Giulio Cesare Giacobbe

Como se Tornar
Linda, Rica e *Perua*
Instruções sobre como usar os homens

3ª EDIÇÃO

Tradução
Carlos Araujo

Copyright © 2006, Arnoldo Mondadori Editore SpA., Milão

Título original: *Come diventare bella, ricca e stronza*

Capa: Raul Fernandes

Editoração: DFL

2010
Impresso no Brasil
Printed in Brazil

CIP-Brasil. Catalogação na fonte
Sindicato Nacional dos Editores de Livros, RJ.

G356c
3ª ed.
	Giacobbe, Giulio Cesare
	  Como se tornar linda, rica e perua: instruções sobre como usar os homens / Giulio Cesare Giacobbe; tradução Carlos Araujo. – 3ª ed. – Rio de Janeiro: Bertrand Brasil, 2010.
	  160p.
	
	  Tradução de: Come diventare bella, ricca e stronza
	  ISBN 978-85-286-1350-6
	
	  1. Relações homem-mulher. 2. Sedução. I. Título.
	
	                                                 CDD – 306.7

08-3645	CDU – 392.6

Todos os direitos reservados pela
EDITORA BERTRAND BRASIL LTDA.
Rua Argentina, 171 – 2º andar – São Cristóvão
20921-380 – Rio de Janeiro – RJ
Tel.: (0XX21) 2585-2070 Fax: (0XX21) 2585-2087

Não é permitida a reprodução total ou parcial desta obra, por quaisquer meios, sem a prévia autorização por escrito da Editora.

Atendimento e venda direta ao leitor:
mdireto@record.com.br ou (21) 2585-2002

Sumário

11 Apresentação

19 Introdução

31 Como se tornar *Linda*

117 Como se tornar *Rica*

137 Como se tornar *Perua*

151 O que você fará quando se tornar *Linda*, *Rica* e *Perua*

Para Paola Ottolia, que
me inspirou a escrever este livro.

É melhor ser linda, rica e perua do que feia, pobre e burra.
LAO TZU

Para a mulher, o homem é como o sol: de noite ela o deseja, e de dia, quando ele está ali, ela não o aproveita. Para o homem, a mulher é como a lua: de dia ele a procura, e de noite, quando ela está ali, ele dorme.
G.C.G.

Apresentação

Este é um livro imoral.

Até eu, que o escrevi, acho-o imoral.

As mulheres inteligentes, assim espero, o acharão também divertido.

Outras, ao contrário, ficarão zangadas.

Talvez a ponto de gritarem xingamentos e insultos contra mim.

Não mereço tanta honra.

Sou somente um embaixador.

Elas não têm nada a temer: embaixador não faz mal a ninguém.

Todavia, pode ser uma boa ocasião para desafogarem em mim a sua raiva secular.

Este livro, de fato, pode ter uma função terapêutica.

Dentro dele estão todos os lugares-comuns e as cagadas que os homens dizem e fazem.

Sendo homem, conheço-as bem.

Na realidade, o verdadeiro motivo pelo qual escrevi este livro é o de divertir tanto as mulheres quanto os homens.

De fato, este livro é uma coletânea brincalhona dos defeitos de ambos.

Mais dos homens do que das mulheres.

Entretanto, se as mulheres, de propósito, fazem questão de se irritar comigo, podem fazê-lo.

Como terapeuta não posso fazer outra coisa senão apoiá-las.

Como homem, já estou acostumado.

Mas, afinal, por que ficam tão irritadas?

Por que consideram imoral ganhar dinheiro através do casamento e não com o suor do próprio rosto?

Primeiro, declaro que também existem homens que ganharam dinheiro através do casamento.

Além disso, estou perfeitamente de acordo.

Quero dizer... com as mulheres.

De fato, eu mesmo defino este livro como um livro imoral.

Mas isto não é nada mau.

Há muitos livros imorais em circulação.

Até ilustres.

Alguns são até adotados nas escolas.

Como *O príncipe*, de Maquiavel, por exemplo.

Entretanto, este livro é menos imoral do que *O príncipe*.

Logo, poderia ser adotado pelas escolas.

Aliás, deveria.

Nas escolas para meninas, naturalmente.

Casar-se com um homem rico para participar de sua riqueza, de fato, é menos imoral do que matar e trair os amigos para conquistar o poder.

Este livro foi escrito para as mulheres, mas não seria mau se os homens também dessem uma olhada nele.

Por quê?, compreenderão depois de o ler.

Se forem sagazes o bastante para o ler.

Coisa de que tenho minhas dúvidas.

Este livro foi escrito de propósito para você, menina inexperiente, que se prepara para adentrar a selva da vida.

E para você, senhorita madura, que decidiu deixar de ser abusada pelos homens idiotas e que finalmente quer se vingar.

E também para você, senhora desafortunada, que perdeu o trem da vida e deseja descobrir onde se enganou.

E talvez ver se consegue pegar outro trem.

E para você, linda, rica e perua, que finalmente pode desfrutar da satisfação de ver a sua habilidade reconhecida publicamente.

E também para você, quem sabe linda, mas nem rica nem perua, e que tampouco quer se tornar rica e perua.

Para que você possa desfrutar da sua virtude e possa se escandalizar com aquelas mulheres que querem se tornar ricas e peruas e talvez já o sejam.

E também para você, esposa feliz, para saber como deve se defender.

E para você, homem rico, para aprender com as peruas e inescrupulosas.

Mas também para você, morto de fome, pois tanto as mulheres quanto os homens podem ser uns cagões, só pelo prazer de sê-lo.

E finalmente para você, mulher feminista, que para não ter um trabalho acaba tendo três.

Este livro ensina a não ter nenhum.

Por que um livro escrito para as mulheres?

Por dois motivos.

O primeiro: as mulheres constituem 80% dos leitores.

O que em si me pareceu um bom motivo.

O segundo: já estou de saco cheio de ver as mulheres desperdiçando tanta energia para ficar bonita e nem um segundinho de suas vidas dedicando-se a seduzir os homens.

E como resultado estão infelizes. Assim como os homens.

É por essas e outras que escrevi este livro: para convencer as mulheres a se tornarem de novo sedutoras.

Como o foram suas avós e bisavós.

Mas também escrevi para os homens.

Para renovar neles o gosto pela paquera.

Paquerar e ser paquerado é a atividade mais divertida que existe para nós, seres humanos.

Mais do que a internet.

Mais do que o futebol e os *reality shows*.

Mais do que as novelas de televisão.

Entretanto, não praticamos mais a arte da paquera.

A perda do paquerar na espécie humana é uma catástrofe biológica comparável à perda do instinto que faz a galinha chocar um ovo.

Não se pode paquerar uma mulher que lhe diz para parar de ser babaca e que se você continuar vai denunciá-lo por assédio sexual.

Não se pode paquerar uma mulher que faz tudo para não ser sedutora.

E que talvez seja belíssima.

É isso que faz os homens ficarem putos da vida.

Vocês são lindas, mas não são sedutoras.

Ou melhor, não querem ser.

Mas para o homem a mulher é linda de verdade somente quando é sedutora.

Como convencer vocês disso?

E como convencê-las a se tornarem sedutoras?

Oferecendo um guia para a realização do sonho eterno de vocês: ser uma Cinderela.

Só que tem um problema: o Príncipe Encantado não existe.

Mas isso é um detalhe, não percam a coragem.

A parte fundamental do sonho de vocês é se tornarem ricas.

Basta que também se tornem peruas.

A riqueza está na caixa-forte.

A beleza (a sedução) é a chave mestra.

Em ser perua consiste a motivação.

Você pode se tornar rica e perua.

Basta aprender a seduzir os homens.

E quem melhor do que um homem para ensinar isso?

O importante é não me levar muito a sério.

Como disse aquele vampiro antes de morder o pescoço da donzela:

O importante agora, cara senhorita, é que não fique qualquer inimizade entre nós!

(Drácula)

Introdução

Tornar-se rica é o sonho de todas as mulheres.

Ser linda também.

Porém, as muito muito inteligentes compreenderam que podem se tornar belíssimas.

Este livro ensina como se tornar linda *para os homens*.

Logo, tornar-se linda e rica é um objetivo razoável.

Aliás, é o *único* objetivo.

A beleza serve somente para se tornar rica.

Mas como se tornar rica?

Se você é uma mulher inteligente, não vá fazer como os homens, que se matam para ganhar uma fortuna e depois nem têm tempo de desfrutar.[1]

Se você é uma mulher inteligente, deixe que os homens se matem para acumular uma fortuna.

Você faz uma coisa que não custa nada.

Se casa com eles.

---

[1] A morte precoce dos homens é a regra. Estresse no trabalho ou no casamento? Bem... O mundo é pequeno e está cheio de viúvas mais ou menos alegres, com heranças mais ou menos consistentes, que gozam o fruto da fadiga de homens que dedicaram estupidamente a vida a acumular dinheiro para que os outros desfrutem. Ah, *carpe diem*, onde você se perdeu? O dito foi inventado pelos homens, mas são as mulheres, mais inteligentes, que fazem uso dele.

Uso o plural, pois, se o limite fosse somente um homem por vida, ele seria deixado para as mulheres que não lêem livros como este.

Para as mulheres quase nunca foi dada outra possibilidade, além de desfrutar da riqueza dos homens.

E elas sempre o fizeram com humildade, coragem e determinação.

As verdadeiras Cinderelas perseguiram para si próprias e seus filhos uma vida confortável usando somente a sua capacidade de sedução.

O que sempre aconteceu em todos os tempos e em todos os lugares.

Cada lugar tem a sua sedutora que vem de longe.

As mulheres locais deveriam refletir sobre este fato.

Ter inventado o provérbio "Casa tua filha com o filho do teu vizinho" não é suficiente para defender-se.

De fato, por que se matar de trabalhar para ficar rica quando basta arranjar um homem rico e se casar com ele?

Você se escandalizou?

Se ficou escandalizada, este livro não é para você.

Aliás, pensando bem, se ficou escandalizada, acho que você precisa urgentemente ler este livro.

Por acaso não é verdade que toda mulher deseja *ter um homem*?

Mas não um homem qualquer.

Para agarrar um homem qualquer, qualquer uma é capaz.

Um homem rico e poderoso.

Embora, pensando bem, um homem somente rico.

Poderoso pode representar complicações.

Talvez perigo.

Logo, melhor um rico.

Basta um rico: com a riqueza pode se ter tudo que se quer.

A história tem muitas mulheres que perseguiram o poder.

Mas se deram mal e tiveram um fim lastimável.

Por que você deve ser também uma perua?

Bem, minha cara, como se tornar rica sem ser perua?

Perua quer dizer capaz de *usar* os homens.

Se você quer usar a riqueza deles, é evidente que deve ser capaz de *usá-los*.

E também, naturalmente, de desfrutá-los.

Como um todo, se são gostosos.

Mas sobretudo pelo que eles lhe proporcionam.

Riqueza, logo, vida confortável.

E luxo, é claro.

Sei que muitas garotas só querem um homem que a ame.[2]

E, se encontram um que faz com que elas acreditem ou simplesmente acreditam porque elas mesmas querem acreditar de qualquer maneira, ficam perdidamente apaixonadas e isso as faz felizes.

Mas quanto tempo isso dura?

Até a fruta mais saborosa apodrece.

---

[2] Um dia uma donzela me disse: "Para mim serve até um aleijado e com um olho de vidro, mas que me ame por toda a vida." Boa escolha, pois o aleijado não pode fugir e o olho de vidro é indispensável para se casar.

A *paixão* não dura por causa do risco de se revelar aquilo que é.

A projeção da própria necessidade de um pai sobre uma outra pessoa que não apenas não está à altura, mas totalmente fora de foco.

Não se deve confundir paixão com amor.

A paixão é necessidade de amor, não capacidade de amar.

Exatamente o contrário.

A paixão é a ilusão de uma criança (de 16 ou 40 anos, macho ou fêmea, não importa) de haver encontrado a figura paterna de que tem necessidade, aquela pessoa que o ama e não o abandonará por toda a vida.[3]

É natural que esta ilusão o faça feliz, como um lobo siberiano que depois de muito seguir o trenó de um camponês russo finalmente o alcança e faz uma lauta refeição com o camponês russo (não como convidado, mas como prato principal).

Mas a paixão, como a digestão, dura pouco.

E muitas vezes é pesada.

A paixão, sem dúvida, nos dá momentos de grande felicidade.

Mas também uma grande fraqueza.

Basta um gesto, uma palavra, uma desatenção, qualquer coisa que revele que aquela pessoa não tem nenhuma capacidade e talvez nem qualquer intenção de resolver todos os nossos problemas para que a gente caia na mais profunda depressão.

---

[3] Ver o meu livro *Alla ricerca delle coccole perdute* (À procura do carinho perdido), Ponte a lle Grazie, Milão, 2004.

Se está apaixonada, você vira um sorvete de creme.

Alguém a come quando e como quer e talvez depois joga fora a casquinha com sua alma presa dentro.

Pois estar apaixonada é ser como um vaso de barro entre vasos de ferro no trenzinho da montanha-russa.

Não digo que não se deve apaixonar-se.

Apaixonar-se é maravilhoso.

Mas é como andar a ver as cataratas do Niágara.

Uma vez na vida todos devemos ir lá para conhecer.

Quem sabe, duas ou três vezes.

Mas depois da trigésima sexta vez deveríamos considerar seriamente a idéia de se fazer examinar por um especialista.

Assim, divirta-se apaixonando-se, enquanto for menina.

O que, na Itália, significa até 34 anos.[4]

Vivam todas as histórias de amor das novelas, se quiserem.

Com rapazes carinhosos e poéticos, belos e românticos. Criativos e apaixonados.

E rigorosamente mortos de fome.

Até satisfazer a vontade.

Mas depois, basta.

Você não ouviu bastante "Você me ama? Quanto você me ama?" e "Você pensa em mim? Quanto você pensa em mim?" e "Você me trai? Quanto me trai?"

---

[4] O ISTAT (Instituto Nacional de Estatística, na Itália) descobriu que a idade média de permanência com os pais é de 34 anos.

Com 34 anos você devia começar a pensar no futuro.

Na minha opinião, muito antes.

Mesmo porque a parte inicial do trabalho, a de se tornar linda, é muito mais fácil se você tem muito menos de 34 anos.

Isso não significa que o amor não seja possível e a vida de casal não seja realizável.

Ao contrário.

Criar uma família é a finalidade principal de nossa evolução natural, psicológica, social e moral.

Mas é possível realizar somente depois que se desenvolve uma personalidade paternal.

Pois evidente que para fazer o papel de pai é necessário ser pai.

Porque é necessário ser pai para amar.

Porque só o pai é capaz de amar.

O amor, de fato, é por si mesmo paternal.[5]

Como todas as mulheres sabem muito bem.

Especialmente as mulheres.

Talvez somente as mulheres.

Pois o amor verdadeiro é o de *mãe*, mais ainda do que o de pai.

A mãe aceita incondicionalmente o próprio filho.

Mesmo quando é um criminoso.

Ou um imbecil.

Ou um fracassado.

Este é o verdadeiro amor.

---

[5] Ver o meu livro *Alla ricerca delle coccole perdute*, supracitado.

A aceitação incondicional e absoluta do outro.
O dar-se ao outro.
O desejo da *sua* felicidade.
Que se torna também a nossa.
Isso é o amor.
Nada mais o é.
Todos os demais são amores fingidos.
Como a paixão.
Que não quer a felicidade do outro, mas a sua própria.
Que me importa se o outro sofre quando está perto de mim?
Para mim o importante é que esteja.
Entretanto, como diz o povo, "nunca é tarde demais".
E, além disso, lembre-se: por mais desastrada que seja uma mulher, sempre existe em alguma parte do mundo um homem que a acha maravilhosa.
O problema é encontrá-lo.
Mas eu sei que você não vai se contentar com um morto de fome.
Você quer um homem rico, um homem bem-sucedido.
Deixe logo de lado o complexo de Cinderela.
Como já lhe disse, o Príncipe Encantado não existe.
Pelo simples motivo que é impossível que um homem se dedique ao seu próprio sucesso e ao mesmo tempo a você.
Falta-lhe tempo físico.
A menos que seja um miliardário aposentado de 80 anos.
Que, como o Príncipe Encantado, cá entre nós, não é o máximo.

Entretanto, se você acha que está bem assim, não hesito em lhe dizer que para mim, pessoalmente, não estou dando a mínima para a idade do homem que você decidiu agarrar.

Mas, pode acreditar de verdade, se você se apaixonar por um miliardário com mais de 80 (admitindo que você consiga), como vai fazer para que ele se case?

Vou lhe contar a história de Mary.

Mary era uma garota de Minneapolis que, seguindo o conselho da mãe, uma viúva de um morto de fome, havia decidido se casar com um homem rico e bem velho, de modo a se tornar rapidamente, ela mesma, uma viúva como sua mãe, mas de um miliardário, não de um pé-rapado, e herdar assim uma fortuna e passar a viver de barriga cheia.

Obviamente juntamente com a mãe.

Melhor, sobretudo com a mãe.

Para tanto, decidiu ir para Hollywood.

Na verdade, foi a mãe que decidiu que ela devia ir para Hollywood.

Uma decisão que parecia razoável para ambas.

Mas havia um problema.

Mary não era uma perua.

Era jovem e inexperiente.

E sobretudo não havia saciado sua fome de amor.

E por isso Mary se apaixonou por todos os produtores, diretores, cenógrafos, autores, figurantes, eletricistas e biscateiros de Hollywood que a levaram para todas as festas de embalo que sempre dão por lá, mas não conseguiu se casar com nenhum dos namorados, como também eles nem se lembravam de lhe mandar um buquê de flores no dia seguinte.

Resultado: Mary voltou para Minneapolis não somente sem marido rico, velho ou jovem, mas sem marido nenhum e com um filho que nem sabia de quem era.

Para casar-se com um homem rico somente porque é rico é preciso ser uma perua.

Isto é, precisa *não estar apaixonada*.

Quem está apaixonado é a pessoa mais fraca do universo porque a sua felicidade depende da presença e da disponibilidade da pessoa amada.

E a pessoa amada faz o que quer com o apaixonado.

E, se ocorre de ambos estarem apaixonados, os escritores podem ganhar muito dinheiro com o assunto, escrevendo tragédias como *Romeu e Julieta*.

Que tinham respectivamente 10 e 14 anos.

Parece uma idade na qual podem ser avaliadas alternativas e tomadas decisões inteligentes?

Você não se deve apaixonar pelo homem rico com quem quer se casar.

Porque assim você estará destinada a sofrer.

De fato, um homem rico nunca está disponível.

Está constantemente ocupado em gerenciar e aumentar sua riqueza.

E você não pode pretender que um marido rico esteja sempre presente e disponível.

A menos que esteja imobilizado numa cadeira de rodas.

Isso sempre pode ser providenciado, mas será feito *depois* que você casar com ele.

Rico e sempre presente não é possível.

Meu Deus, nem pobre e sempre presente é possível.

Nesse caso, com certeza muito pior, você terá que se virar para sobreviver.

O que não será possível.

Vai contra a natureza.

Até por motivos puramente fisiológicos.

Mas só arranjar um marido rico é possível.

Rico é mais do que suficiente.

Agora o problema é: que papel você deseja representar, o da apaixonada ou o da *amada*?

Se você quer se tornar rica, deve aprender a representar o papel da amada.

Isto é, fazer com que os homens se apaixonem por você.

Não acredita que seja possível?

Aprenda uma coisa.

Até os homens ricos se apaixonam.

E você não acha que não é aquela por quem eles podem se apaixonar?

Resposta errada.

Fazer um homem se apaixonar por você não é questão de nádegas e de seios.

Não é uma questão de beleza.

É uma questão de *cabeça*.

Qualquer uma pode se tornar linda, rica e perua.

Até você.

Basta que continue lendo este livro.[6]

---

[6] Nos meus livros anteriores eu pedia ao leitor para prosseguir na leitura. Agora, tratando-se de uma leitora, não peço mais. Sei que a sua curiosidade natural a obrigará a ler este livro até o fim. Ah, que maravilha as mulheres!

Como se tornar *Linda*

A beleza

A primeira coisa da qual você deve se convencer é que a beleza não existe.

Mas é possível tornar-se linda.

Pois, se é verdade que não existe a beleza, o belo existe.

Existe o belo para mim, para você, *para ele*.

Para cada pessoa há um belo diferente.

O belo não é questão de medidas.

Nem de cor.

Nem de pele.

Não é um fato físico.

Se não fosse assim como explicar o fato de que certas pessoas que se casam parecem com extraterrestres ou ter vindo do planeta dos macacos?

Quem decide o que é belo não são nossos olhos, mas o nosso cérebro.

E, se nosso querido cérebro decide que o monstro do Dr. Frankenstein é bonito, nada se pode fazer.

Você pode lhe dizer o que quiser, pois ele nem está ligando.

Para ele, o monstro do Dr. Frankenstein é o homem mais bonito do mundo e ponto final.

Isso também vale para as mulheres.[1]

Oitenta por cento dos casamentos no mundo inteiro são inexplicáveis.

É verdade que é necessário levar em consideração a tendência dos homens, jamais justificada por nenhuma ciência, de se casar com mulheres feias.[2]

Mas isto é um ponto a seu favor.

Pois tenho certeza que você, também, como todas as mulheres, não se acha uma grande beleza.[3]

---

[1] Não posso dar exemplos análogos de feiúra feminina, porque, por uma razão pra lá de misteriosa, a fantasia coletiva se concentra em criar monstros masculinos (A Fera, Mister Hide, Drácula, O Fantasma da Ópera, Hulk, o Corcunda de Notre-Dame e outros), mas nunca monstros femininos, à exceção das bruxas, que, no entanto, são demasiadamente velhas para serem levadas em consideração como consortes. Será que até a fantasia coletiva é feminina? Para a gramática, as coisas são efetivamente assim.

[2] A explicação popular, especialmente na Sicília, é que assim não lhe botam chifres. O fato de ser obrigado a escolher entre ser um cornudo e colocar um monstro dentro de casa explica muita coisa sobre a condição (e a inteligência) dos homens.

[3] A capacidade que as mulheres têm de encontrar defeitos físicos nelas mesmas é superior à capacidade dos salmões de nadar contra a corrente do rio. Os paranóicos obsessivos perdem em comparação. O último caso que me deixou boquiaberto é o de uma mulher que se lamentou pelo fato de ter as orelhas demasiadamente presas na cabeça.

É aí que você se engana.
Você é *linda*.
O que você não deve fazer é pretender ser *belíssima*.
E sobretudo belíssima *para todos*.
Tem que se contentar em ser linda *para ele*.
Quem quer que seja o que você tenha escolhido.
E tem mais uma coisa.
Que fique claro de uma vez por todas.
Parecerá incrível, mas os homens não se interessam pelas mulheres belíssimas.
Não se interessam como mulheres de verdade.
Somente como ícones.

para os homens as mulheres belíssimas
são apenas ícones

Primeiro, a gente as considera inalcançáveis.
Segundo, todos os homens sabem que, na cama, as mulheres belíssimas raramente conhecem os truques.[4]
Porque acham que já fizeram tudo pelo fato de serem lindas.
Mas, para os homens, as mulheres belíssimas servem somente para as fantasias sexuais, não para a realidade.

---
[4] Os homens com um pouco de experiência sabem que as mulheres não muito bonitas fazem mais sentido do que as belíssimas, pois compensam com a boa vontade o que pensam ser uma carência natural. A experiência, além disso, as torna generosas. Mas as mais habilidosas, certamente, são as que já passaram dos 80 anos. Antes de tudo têm uma experiência enorme. E, depois, entregam-se totalmente, sabendo com lucidez que cada vez pode ser a última.

São apenas fotos nas folhinhas das oficinas.

Na realidade, um homem quer uma mulher que se mexa, não uma estátua, por mais linda que seja.

Sedução é *movimento*.[5]

Isso é o que os homens acham bonito numa mulher: a *sedução*.

para os homens, a beleza de uma mulher consiste na sua capacidade de seduzir

E sedutora — isto é, *linda para os homens* — você pode ser.

Basta que *decida* ser.

Sim senhor, pois, como acabei de dizer, a beleza é somente uma *questão de opinião*.

E opiniões, como se sabe, podem ser *manipuladas*.

Como bem demonstra a televisão.

---

[5] Uma amiga minha, professora de dança do ventre, me disse: "Nem te conto a dificuldade que tenho para fazer mexer as cadeiras das católicas italianas! Desde menina uma outra mulher lhes disse que só as putas mexem com as cadeiras." Quando eu morava na roça e criava galinhas, tinha um galo magnífico (pesava sete quilos), o qual durante algum tempo cumpriu seu dever de marido com todas as galinhas do galinheiro, mas depois de alguns meses se acasalou com uma galinha só, que para falar a verdade era feiosa no começo, mas à custa de sofrer o assédio contínuo do referido senhor se tornou um nojo. Não sei se você sabe como as coisas acontecem. O galo monta na galinha subindo pelas costas. Aquela coitada em pouco tempo perdera quase todas as penas das costas. Coisa horrorosa. Mas ele nem ligava. Quanto mais a via, mais se excitava. A beleza? Mas que beleza? É que ela se movia como uma desesperada (provavelmente por medo). Essa é que é a sedução! O movimento! Mais do que a beleza!

Ora, com relação à beleza, a opinião masculina — que você deve aprender a manipular — é aquela que se forma no *inconsciente*.

Quais são, no inconsciente dos homens, os botões que, pressionados, fazem com que eles creiam que se encontram diante do exemplar mais maravilhoso de fêmea humana jamais visto?

Os assim chamados atributos sexuais secundários (seios e nádegas), contrariamente à opinião corrente, têm, neste jogo, uma função secundária, como o próprio nome diz.

A propósito, quero demonstrar a falsidade de um mito em que vocês mulheres acreditam como se fosse uma maldição bíblica.

O da bunda grande.

Em toda a minha vida jamais encontrei uma mulher satisfeita com sua própria bunda.

Até as anoréxicas estão convencidas de terem a bunda grande demais.

Bunda grande é considerada pelas mulheres como uma desgraça comparada ao pé chato ou ao lábio leporino.

Mas de onde vem tal deformação mental?

Façam o favor de botar na cabeça que *os homens gostam de bunda grande*!

os homens gostam de bunda grande (das mulheres de)

A bunda feminina está para o cérebro masculino, assim como o sol está para as plantas, o mar para os peixes, o vento para os barcos a vela.

É a idéia fixa dos homens, sua miragem, seu ideal.

O que é cientificamente explicável.

Bunda grande e conseqüentemente os quadris largos indicam fertilidade, do mesmo modo que os seios fartos indicam capacidade de aleitamento.

O instinto masculino da reprodução se dirige particularmente às mulheres mais dotadas nesse sentido.[6]

Mas o interesse dos homens se direciona mais à bunda do que aos seios.

Peitinho, vá lá; bunda magra, não.

Pois a bunda feminina para os homens é um *totem*.

Para um homem, uma bunda grande significa maior excitação sexual.

No cérebro aparentemente vazio de um homem há sempre uma bunda feminina.

Tinto Brass* tentou demonstrá-lo de mil maneiras.

E vocês, nada!

Lembram aquela resposta de um homem a Sigourney Weaver no filme *Uma secretária de futuro* (Mike Nichols, 1988)?

Bunda seca!

O que para um homem equivale à "mulher sem feminilidade; logo, sem beleza".

---

[6] Apresentou-se essa questão a um homem: "Você entrega a três mulheres uma certa soma. A primeira compra presentes para si própria. A segunda, presentes para você. A terceira faz as duas coisas. Com quem você se casaria?" "A com a bunda maior", respondeu o homem.

* Produtor italiano de filmes pornográficos. (N.T.)

No entanto, Sigourney Weaver interpretava o papel de uma mulher que correspondia com perfeição aos cânones femininos da beleza: alta, magra, esportiva.

Encasteladas na sua loucura autodestrutiva, vocês fazem de tudo para reduzir a bunda a um punhado de pele e osso e, se não conseguem, consideram a sua aparência como uma aberração, arruinando-lhes a vida.

Mas as dimensões da bunda (consideradas ótimas por vocês mulheres) dependem exclusivamente da moda que *vocês* inventam, não do gosto dos homens, que, como sempre, permanecem há cinco milhões de anos entrincheirados na defesa da bunda grande.

Assim quis o Criador.

Talvez porque seja um homem.

E vocês inventam a moda.

Para uso e consumo exclusivo de vocês.

E com perdas e danos.

Assim, passam com desenvoltura das tetas das vacas suíças aos seios em forma de espinha, a traseiros que não cabem num divã a outros que se perdem num banquinho desmontável.

Atualmente vocês botaram na cabeça que a moda é bunda pequena.

A moda *entre vocês*, naturalmente.

E assim conseguiram um motivo de gratificação.

Porque vocês sempre encontram alguma que tem uma bunda maior.

Então, mais freqüentemente, vocês têm mais um motivo para tirar vantagem.

Porque vocês sempre encontram uma que tem a bunda menor.

Mas, já que *os homens gostam de bunda grande*, não são as dimensões da bunda ou dos peitos que decidirão a sua capacidade de sedução.

É certo que uma bela bunda e um belo par de seios fazem sempre bom efeito.

Mas tudo depende de como são expostos e como os mexem.

Você compraria uma bela orquídea num saquinho de supermercado jogada numa lata de lixo?

A embalagem é uma boa publicidade e representa mais de cinqüenta por cento do sucesso de um produto, como qualquer industrial pode confirmar.

E agora?

Agora, o que seduz os homens?

O que lhes bombeia adrenalina no sangue, que provoca neles suores frios nas costas, arrepia os cabelos das suas axilas e dá a eles água na boca?

O fato de você ser provocante, de *fazer crer* que está disponível.

O fato de se oferecer numa bandeja de prata, mas sob uma redoma de cristal.

O fato de você ser como a cenoura do burro de carga, perto da mão (ou melhor, da boca) mas inalcançável.

Como a estrela d'alva, luminosa mas inatingível.

O fato de você se apresentar como um exemplar da série "Gostaria muito de possuir, mas está além das minhas posses".

Tudo isso decorre do fato de você *querer* ser sedutora.

O que equivale a *sentir-se* linda.

Pois as ondas cerebrais se propagam como as ondas de rádio.

E, se o seu cérebro transmite uma valsa de Strauss, os homens começam a dançar.

Se transmitem uma previsão meteorológica alertando sobre uma tempestade, eles vão para casa ver televisão.

Mas vocês nunca viram fotografias das nossas vovós na Belle Époque ou na época do charleston?

Aquelas com sutiãs que poderiam servir de antena parabólica de transatlânticos e com calcinhas que poderiam servir de dirigíveis.

E, com tudo isso, convencidas e seguras, ou melhor, com a firme *convicção* de que eram maravilhosas.

E os nossos vovôs, naquelas mesmas fotografias, ficavam todos com o ar de que *estavam convencidos* de que elas fossem na verdade maravilhosas.

Como dizia a minha tia, não é o frango em si que é bom, mas o modo de cozinhá-lo.

Um frango grande como um peru, mas sem sal e servido sobre um vagabundo papel de embrulho, provoca muito menos apetite do que um galeto minúsculo grelhado com um acompanhamento de couve-de-bruxelas e molho bechamel, servido numa travessa de porcelana inglesa.

É tudo uma questão de embalagem e apresentação.

E, conseqüentemente, de cabeça.

Isto é, de convicção.

Ou melhor, de *sugestão*.

Logo, em definitivo, a beleza é uma questão de sugestão.

O que significa *auto-imagem*.

Se você se acha linda, os demais também acham você linda.

Como é que pode?

Por causa das ondas de rádio que partem do seu cérebro e penetram no cérebro dos outros quando você se sente linda, pensa que é linda, se arruma e se veste como linda e sobretudo se *mexe* como linda e se *comporta* como linda.

Porque nossos pensamentos, as nossas emoções, nossos comportamentos, nossas ações — tudo é determinado pela *auto-imagem* que fazemos de nós mesmos.

Que diabo de auto-imagem você teria de si própria se estivesse vestida com um uniforme de fuzileiro naval ou como um estivador do cais do porto?

Como você pode pensar em se casar com um homem rico, ou mesmo com qualquer homem, vestida assim?

E se você caminha para lá e para cá como um jogador de rúgbi ou balançando os ombros como um marinheiro num navio petroleiro, isso só para mencionar o seu modo de caminhar?

E, no fundo de sua alma, como você se sentiria se fumasse como uma mulher da noite, falasse como um caipira ou gritasse como um torcedor de futebol, cheio de cerveja na cabeça?

Talvez você tenha um forte sotaque do interior, a cada duas palavras diga "porra", use roupa de operária e coturno, abra as pernas quando se senta e mastigue chicletes de boca aberta.

Que importa para nós, homens, se apesar de tudo isso você tem um corpinho fabuloso?

É que nós, homens, por mais primitivos, superficiais e estúpidos que possamos parecer, temos um mínimo de sensibilidade.

E sobretudo odiamos ver em vocês, mulheres, os nossos defeitos.

Os seus, suportamos muito bem, já estamos habituados há séculos; mas os nossos, reproduzidos em vocês, são insuportáveis.

Para nós são insuportáveis a vulgaridade, a obscenidade, a agressividade, o egoísmo, a indiferença, a deselegância, a grosseria.

Para nós é insuportável que as mulheres se comportem como homens.

Mas tenho uma coisa para dizer àquelas senhoras, coitadas, que fazem todos os sacrifícios para se tornarem bonitas.

Aquelas que vão ao cabeleireiro uma vez por semana gastando fortunas.[7]

Aquelas que gastam uma nota preta em vestidos que não usam mais de uma vez, mas que quando os viram não puderam resistir porque eram verdadeiramente fabulosos (e muito originais).

E têm o armário cheio a ponto de que a única aquisição razoável que deveriam fazer seria comprar não outro vestido mas outro armário.

E depois os cremes.

Odeio os cremes, aqueles que são realmente um elixir fantástico.

Existem uns cuja matéria-prima só pode ser a pupila de recém-nascidos albinos, pelo preço que custam.

Mas têm efeitos milagrosos.

Eliminam até as rugas atrás das orelhas das múmias da segunda dinastia do antigo império egípcio.

---

[7] Parece incrível, mas os cabeleireiros são bem mais caros até do que os bombeiros hidráulicos.

E as ervas?

As ervas são uma panacéia para qualquer coisa.

Celulite, eczema, espinhas, sinais, queimaduras, pés-de-galinha, manchas: com as ervas se cura tudo.

Com os cremes e as ervas, até a mulher mais feia do mundo se transforma numa mulher lindíssima.

E, se os cremes e as ervas não funcionam (parece incrível, mas nem sempre funcionam), então são as infusões e os chás.

Com a infusão se faz qualquer coisa do corpo.

Você o transforma numa asa-delta ou num palito.

Você pode engordar até ganhar o campeonato da mulher mais gorda do mundo ou emagrecer até ficar quase transparente.

Se os cremes, as ervas e as infusões não conseguem fazer com que você fique belíssima, há sempre o bisturi do cirurgião plástico.

Um golpe de bisturi aqui e ali, e eis que seu nariz proboscídeo diminui e se arrebita, seus lábios de lagartixa tomam corpo e ficam roliços e sensuais, seus seios crescem ou desaparecem, sua bunda se torna a metade da metade e sua cara de galinha-d'angola se transforma no rosto de Nefertiti, a mulher do faraó egípcio que viveu no século terceiro antes de Cristo.[8]

---

[8] Por que todas vocês querem se parecer com a tal da Nefertiti, uma bruaca (na minha opinião) que viveu no século terceiro antes de Cristo (e conseqüentemente velhíssima) e é um dos tantos mistérios femininos que nós homens jamais desvendaremos. Gostaríamos de acreditar que a razão verdadeira não seja a beleza (suposta) de Nefertiti que fascina vocês, mas o fato

Mas tudo é inútil.

Por quê?

Porque, como descobriu um cirurgião plástico americano chamado Maxwell Maltz, o lugar da beleza não é o corpo mas a *mente*.[9]

Quer dizer que é preciso ter uma mente linda?

Não, porque, se assim fosse, seria uma verdadeira tragédia: não haveria solução.

Aquilo que Maltz descobriu — já lhe disse isso e vou repetir — é que a beleza não é uma questão física mas *psíquica*, de *auto-imagem*.

Você é linda, qualquer que seja seu estado, se *acredita que é* e *se sente* linda.[10]

---

de que tenha se casado com o Faraó, o Príncipe Encantado egípcio. Mas não temos esperança. Receio que seja mesmo a beleza. De fato, ela é magra como um palito.

[9] Ver M. Maltz, *Psycho-Cybernetics. A New Way To Get More Living Out of Life*, 1960.

[10] Disse linda, não lindíssima. Sei que vocês têm celulite, verrugas, espinhas, a bunda astronômica, as mamas oceânicas, e nesse ponto têm uma objeção. É natural. Porque têm uma auto-imagem negativa de si mesmas e acreditam ser objetivas. Mas ela se torna objetiva no momento em que você acredita nela. Mas mesmo uma mulher com celulite, verrugas, espinhas, a bunda astronômica, as mamas oceânicas (estes dois últimos atributos enchem as páginas de revistas masculinas; logo se pode deduzir que os homens gostam) pode se tornar bela para os olhos de um homem se apresentada de modo certo e no ambiente justo. Você já se perguntou o que fazem as boates e por que todas funcionam à meia-luz? Com pouca luz todas as mulheres parecem belas. Sobretudo se elas se comportam como se fossem belas. Não se esqueça do provérbio pigmeu que diz: "Uma mulher, por mais feia que seja, tem sempre alguma coisa de deliciosa." Especialmente se já não come há algum tempo. O pigmeu, não a mulher.

Se você faz tudo para se tornar linda, trabalhando o corpo em vez da mente, não apenas está tomando a estrada errada, mas sobretudo deixa evidente que está convencida de *não ser* linda.

E, se você não é linda nem para você, não será linda para os outros.

Isso nós homens percebemos; como vocês, mulheres, percebem que um homem não quer se casar, mas somente levar você para a cama.

Nós homens gostamos de mulheres que se sentem lindas, não as que são.

Você já percebeu que existem mulheres sobre as quais se poderia falar muito, mas que se sentem tesudas e rebolam os quadris como se fossem únicas no mundo?

Sei que a vocês, mulheres, elas incomodam e são muito criticadas.

Mas nós homens gostamos à beça.

Vocês sempre não disseram que somos cretinos?

Mas vocês se comportam como se considerassem grande esperteza andar atrás das santas que caminham vestidas de penitentes e não balançam a bunda.

Tudo bem. Mas nós homens somos *assim*.

A gente não se interessa pela beleza.

As misses para nós são belezas improváveis e inconquistáveis.

Belezas que, quando se leva para a cama, são como aquelas bonecas que nossas avós colocavam na cama, belas e imóveis, não sabemos o que fazer com elas, salvo exibir aos outros homens para lhes causar inveja.

Mas isso dura pouco e enche o saco rápido.

Como já disse, os outros homens não se interessam pelas mulheres belíssimas.

Para os homens as mulheres belíssimas são como os *Apolos* para as mulheres.

Você já viu uma mulher enlouquecida por um Apolo?

Se acontecer, ou é uma adolescente, ou uma idiota.

É assim para os homens a beleza da mulher.

A beleza de vocês, como para os Apolos, é um *problema de vocês*.

*a beleza é um problema
somente para as mulheres*

Não é verdade que vocês mulheres gostam mais de um homem provocante, sexy, do que de um homem bonito?[11]

E como vocês não entendem que gostamos mais da mulher provocante, sexy, do que da mulher belíssima?

Mas, para nós, provocante quer dizer *sedutora*.

Quase toda a publicidade usa a sedução feminina, propõe a sedução feminina.

E falemos claro: trata-se abertamente da *sedução sexual*.

Especialmente nas revistas dedicadas a *vocês*.

Agora, é preciso que vocês me expliquem por que vocês, mulheres, compram o vestido, o sapato, o creme, a bolsa...

---

[11] Aos 16 anos perguntei a minha mãe, uma mulher de grande experiência e sabedoria. "Mãe, como se faz para conquistar uma mulher?" "Para conquistar uma mulher, meu filho, precisa ser muito bonito ou muito interessante. Concentre-se em ser interessante", respondeu minha mãe.

E se fazem pentear, maquiar, peeling, lifting...

Tudo para ser como as modelos que aparecem nas revistas femininas.

Obviamente sem conseguir.

E depois têm o cuidado de deixar de fazer a coisa mais óbvia.

A única que interessa aos homens.

Assumir uma *atitude sedutora*, a parte fundamental da mensagem publicitária.

Vocês olham para o seu próprio dedo e não vêem a lua.[12]

Vocês estão confundindo o hábito com o monge.

Todas vestidas de pecadoras e todas santas intocáveis.

Mas, com toda a esperteza, vocês caem das nuvens como no caso da famosa senhora Longari.*

De uma vez por todas, coloquem isso em suas cabeças: a beleza, como vocês a vêem, aquela eterna quimera que vocês perseguem por toda a vida, aquele eterno pomo da discórdia que vocês dividem, não é a beleza como nós os homens vemos.

---

[12] "Um dedo que indica a lua não é a lua. Uma pessoa inteligente seguirá a direção indicada pelo dedo para ver a lua, mas quem vê somente o dedo e o toma pela lua jamais verá a lua real." Sidarta Gautama, o Buda.

* Referência a uma gafe famosa de Mike Bongiorno — "estou chegando" (no duplo sentido, "vou gozar") num programa da televisão italiana, transformada em bordão. (N.T.)

*a beleza feminina
é vista de modo diferente
pelos homens e pelas mulheres*

Para os homens, a beleza de uma mulher, como já sabia Isadora Duncan, não está no seu corpo, mas em como ela o *mexe*.[13]

*para os homens, a beleza de uma mulher
não está no seu corpo
mas em como ela o* move.

E isso vale fora da cama ou nela.
Uma mulher tanto pode movimentar harmoniosa e sinuosamente o seu próprio corpo quanto mais é evidente que o move impelida pela vontade de ser *sedutora*.
Que para ela se torna alegria e entusiasmo de sentir-se *desejada* e portanto *linda*.
Porque, como já se disse, a beleza é uma questão de convicção, de *auto-imagem*.

*a beleza é uma questão
de auto-imagem*

E isso se pode *construir*.
Vejamos como

---

[13] Isadora Duncan propôs a dança, ou seja, o movimento harmonioso, como um estilo de vida, uma modalidade da sedução feminina. Ver *La mia vita* (Minha vida), 1928, póstumo. A cultura oriental adotou isso há séculos: a sedução da mulher oriental se manifesta particularmente pela dança.

A auto-imagem

Como já dito, a nossa auto-imagem determina as nossas reações, os nossos pensamentos, as nossas emoções, os nossos comportamentos.

Resumindo, *a nossa vida.*

Isto é, a nossa *felicidade.*

Se eu sou um vagabundo, mas me sinto como um rei, sou feliz.

Se eu sou um rei, mas me sinto um falido, sou infeliz.

A auto-imagem, para usar uma definição científica, é o *resultado da sedimentação na memória, dos juízos que fazemos de nós mesmos e das imagens, isto é, dos modelos com os quais nos identificamos.*

A memória é o que chamamos *inconsciente.*

É, portanto, nesse inconsciente que se forma a nossa auto-imagem.

Eis por que normalmente não temos consciência dela.

Mas, assim como ela se forma sem que saibamos, ela pode se formar em decorrência de nossa intervenção consciente e intencional.

Logo, nós podemos *determinar* a nossa auto-imagem.

você pode construir a sua auto-imagem

Basta que conheça o procedimento de sua formação.

E o procedimento é a *repetição* de uma *imagem* ou de um *modelo conceitual* com o qual você se identifica.

De fato, a auto-imagem se sedimenta na memória em seguida à repetição consciente de uma imagem ou de um modelo conceitual com o qual nos identificamos.

a auto-imagem se constrói
com a repetição consciente
de uma imagem ou de um modelo conceitual
com o qual o sujeito se identifica

Se você repete "sou feia", "ninguém gosta de mim", "não consigo fazer nada", "não estou OK", você se vê como uma baranga horrorosa, e na sua memória se constrói uma auto-imagem de baranga horrorosa.

E você *se torna* uma baranga horrorosa porque você *se comporta* como uma baranga horrorosa.

O seu inconsciente produz de fato comportamentos conforme a sua auto-imagem.

o seu inconsciente
produz comportamentos
conforme a sua auto-imagem

Os juízos negativos dos outros contribuem para reforçar a sua auto-imagem negativa.

Os pais que manifestam juízos negativos sobre seus filhos fazem com que se tornem indivíduos deprimidos e inseguros.

Mas é um círculo que pode se quebrar.

Não se esconda atrás da desculpa de ser feia porque os outros lhe dizem que você é feia.

Somente as "amigas" invejosas geralmente se comportam assim, aquelas que querem passar você para trás na corrida para agarrar os homens.

Mas é só um álibi.

Se você construir uma auto-imagem positiva, os outros também farão uma imagem positiva de você porque o seu comportamento se torna positivo.[14]

A sua auto-imagem pode ser positiva ou negativa.

Por que se esforçar para construir uma auto-imagem negativa?

Pode haver alguma coisa mais cretina?

Para que serve uma auto-imagem negativa, além de arruinar a sua vida e tornar você incapaz de enfrentar o mundo?

E no caso particular de sua beleza feminina, que, como já vimos, consiste no seu *poder de sedução*, quem a faz acreditar que você seja incapaz de seduzir?

Se você quiser, será capaz de seduzir até um monge tibetano.

Só precisa se convencer de que é capaz de fazê-lo.

E sobretudo de *querer* fazê-lo.

Porque o problema, hoje, não é ser sedutora, mas sim *não querer ser sedutora*.

o problema não é ser sedutora, *mas sim* não querer ser sedutora

Por que vocês não querem ser sedutoras?
Os homens acham que é um problema de hormônios.

---

[14] Para aprofundamento da função capital da auto-imagem na construção da personalidade, veja meu último livro *Alla ricerca delle coccole perdute*.

Acham que todos os hormônios de crescimento que dão aos frangos e aos bois tenham retirado toda a feminilidade.

Não pensam que durante séculos as mulheres foram obrigadas a ser sedutoras para sobreviver e fazer sobreviver seus filhos.

A custo de sua própria liberdade.

E que hoje em dia aprenderam a viver sem os homens e conseqüentemente sem a sua própria sedução.

Mas a sedução feminina, que é um dom natural, pode ser recuperada como prazer, como jogo, como auto-aperfeiçoamento pessoal.

Finalmente, como um presente para o homem.

Se ele merece.

Mas também como arma.

Não mais para sobreviver, mas para ficar rica.

Efetivamente, se você quer ficar rica, deve se tornar linda!

E se você quer se tornar linda tem que se tornar sedutora.

Precisa se tornar uma sedutora!

Deve repetir para si mesma: "Eu sou uma sedutora!"

"Eu sou a reencarnação de Cleópatra, de Pompéia, de Catarina de Médici, da Madame Pompadour, de Mata Hari, de Marlene Dietrich, de Juliette Greco, de Marilyn Monroe!"

"Eu sou Greta Garbo e Rita Hayworth!"

"Eu sou Sharon Stone em *Instinto Selvagem!*"

A que fez enlouquecer os homens não porque era linda, mas porque estava sem calcinha.

Como fez a Cinderela'

Pois essa é a verdade que não é dita às meninas para não escandalizá-las.

Cinderela não era linda: estava sem calcinha!

Você notou se os passarinhos e ratinhos que costuraram o vestido de Cinderela também fizeram a calcinha?

Não!

Ela não usou calcinha!

Por isso seduziu o Príncipe Encantado!

Ora, você também pode se casar com um homem rico, que se não será o Príncipe Encantado — os príncipes encantados não existem — poderá fazer de você uma mulher *rica*.

Basta que você ande sem calcinha.

Naturalmente, você não vai sair por aí contando a todo mundo que está sem calcinha.

Naturalmente não vai dizer a todo mundo.

Somente a *ele*.

Os homens enlouquecem quando descobrem que uma mulher não usa calcinha por baixo da saia.

Por baixo de uma calça eles não se ligam.

Mas por baixo da saia!

Os homens se apaixonam por mulher que usa saia e não usa calcinha por baixo.

Se você não acredita, veja *Instinto Selvagem*.

Você acha que Michael Douglas é o maior cretino que existe?

Logo, você deve apenas seduzi-lo.

E casar-se.

Mas para seduzi-lo você deve ser *sedutora*.

E para ser sedutora você deve ter de si própria a *auto-imagem* de uma mulher sedutora.

Como já disse, é a *repetição* que constrói e consolida a auto-imagem.

Logo, você deve trabalhar em cima de você mesma *durante algum tempo* para construir sua auto-imagem de mulher sedutora.

Como?

Comece escolhendo um *modelo*.

Atenção, não de uma mulher belíssima, mas de uma mulher *sedutora*.

Senão você cai no buraco negro da beleza por si própria.

E não sai mais dele.

O cinema é um repositório formidável de modelos de mulheres sedutoras.

Pois quem faz o cinema são os homens. No cinema você pode ver o que os homens consideram uma mulher sedutora.

Tome por exemplo Marilyn Monroe.

Você sabe muito bem que Marilyn Monroe não era linda.

Tinha os seios e os quadris muito grandes, desproporcionais à sua altura.

Tinha pernas curtas e grossas.

E até o rosto, sem maquiagem, não era grande coisa.

De mulheres como ela os supermercados estão cheios.

Mas produzida como grande sedutora, vestida com roupas elegantes e com uma postura correta tornou-se linda.[15]

---

[15] Um par de seios caídos, a bunda flácida ou cheia de celulite podem ser valorizados se presos com um bom sutiã e uma boa cinta elástica. Isso as

Mas sobretudo *ela se movia, falava e suspirava como uma gata no cio*.

É disso que os homens gostam.

É isso que a fazia *sedutora* aos olhos deles.

Você pode escolher como modelo Marilyn Monroe, Sharon Stone ou qualquer outra atriz, desde que sua característica principal seja a *sedução*.[16]

O modelo que você escolhe pode ser também belo, mas essa não é sua característica principal.

Sua característica principal deve ser a *sedução*.

Use o seu senso crítico de mulher para demolir a beleza do seu modelo, se necessário.

Se quiser, você pode encontrar mil defeitos físicos.

Quantos mais encontrar, melhor.

Assim você não se sentirá inferiorizada no plano da beleza, que seria uma de suas fixações.

Valorize seu modelo sob o plano da *sedução*.

Reveja algumas dezenas de vezes um filme onde ela desempenha um papel importante e observe como ela se mexe, como se veste, como fala e como olha para os homens.

---

nossas avós sabiam muito bem e se aproveitaram sistematicamente, usando espartilhos apertadíssimos (chamativos mais para elas próprias do que para os homens). O homem, para sua desgraça e para sorte de vocês, se excita muito mais imaginando do que vendo. A coisa se chama *erotismo*. Já ouviram falar?

[16] O fato de eu lhe indicar atrizes e não vizinhas de sua casa quer dizer muito sobre a sedução. De fato, é evidente que se trata fundamentalmente de uma *representação*. É certo que algumas mulheres são sedutoras por natureza e, conseqüentemente, assim agem como sedutoras durante as 24 horas do dia. Isso existe, mas não posso pretender que você seja assim.

E aprenda.

Comece a se vestir, a falar e a se mover como ela.

E a olhar os homens como ela.

Imite-a.

Mas não só algumas vezes.

Sempre, quando você estiver com um homem.

Nunca, quando estiver com uma mulher.

As mulheres odeiam as sedutoras.

Porque elas mesmas, normalmente, não o são.

Mas é tudo inveja.

Para os homens você deve ser *como ela*.

Atenção.

Você não deve *ser ela*.

Sedutora *como* ela.

Fascinante como ela.

Antes de dormir, fantasie e imagine que é como ela e que tem mil aventuras com os homens mais ricos do mundo.

Ou, se você quiser e for apaixonada pelos mortos de fome do mundo, com o seu vizinho do andar de baixo ou com qualquer outro que você quiser.

Estas fantasias reforçam a sua auto-imagem e finalmente a tornam real.

E, depois, o grande trabalho.

A *identificação*.

Para que o seu inconsciente se convença e se identifique com o seu modelo, você deve repetir um *mantra*.

Mentalmente, é óbvio.

Isso se não quiser terminar no Pinel.

O seu *mantra* será este: "Eu sou uma sedutora."
Com a respiração deste modo:

EU SOU   inspira
UMA SEDUTORA   expira

Quantas vezes?
Sempre.
Por um mês.
Um mês parece muito para você?
Parece menos do que todos os anos que restam para você viver feia, pobre e burra?

A libido

Ser sedutora equivale, nas mulheres, ao que fazem as fêmeas dos animais quando querem convencer os consortes a fazer filhotes.

Você já observou a fêmea do macaco?

Elas sacodem na cara do macho os próprios traseiros, vermelhos como um tomate, até que o pobre coitado abandone a única atividade séria de sua vida, que é a de catar suas pulgas, e com os olhos vermelhos de sangue a satisfaça até ela dizer chega.

Na realidade, os jardins zoológicos ainda não descobriram se a fêmea do babuíno grita "chega" ou "quero mais".

Um fato é certo: ela grita.

Não que eu esteja dizendo a você para fazer a mesma coisa.

É verdade, num ambiente menos íntimo, algo assim geralmente é considerado inconveniente.

Donde se deduz que a televisão *é* um ambiente inconveniente.

O que sugiro a você, pois, é fazer o *mutatis mutandis* (o que não significa "depois de mudar a calcinha"), o análogo humano.

É o que fazem os pássaros machos.[17]

Você já viu um pavão andar em volta da pavoa?

Ele se apresenta a ela em toda a sua magnificência.

Você deve fazer a mesma coisa

Por Deus, não me leve a mal.

Me explico.

Você deve pavonear-se.

Exibir-se.

Oferecer-se.

Mas não se dar.

Provocar.

Como já disse, os homens gostam das mulheres *provocantes*, isto é, *sedutoras*, e não das mulheres bonitas.

Isso, na mente corrompida do macho humano, é o correspondente ao que na mente da fêmea humana se refere à beleza.

A *sedução*.

Isto é, a *provocação sexual*.

---

[17] Os pássaros são a obra-prima do Criador. O papai pingüim fica imóvel durante três meses com o ovo entre as patas, a trinta graus abaixo de zero, esperando que a mamãe pingüim volte do restaurante. É o mínimo que ele pode fazer. Uma saudável contribuição à família. Mas o Criador se arrependeu logo. Os machos dos mamíferos, depois que gozam, dão o fora. Ficam completamente ausentes. Que se pode fazer? O Criador também é um macho.

*a sedução
é a provocação sexual*

Os homens acham sedutora a mulher *sexualmente provocante*.

*os homens acham sedutora
a mulher sexualmente provocante*

Em resumo, vamos ser honestos, assim me compreenderão.

Você deve ser *um pouco puta*.

Os homens gostam das mulheres meio sacanas, safadas.

*os homens gostam das mulheres
meio sacanas*

Os sicilianos, que sabem das coisas, pois ficam bem perto da linha do equador, usam uma expressão: "Santa por fora, puta por dentro".

Um pouco forte, mas verdadeiro.

Mas um pouco puta não quer dizer prostituta.

O medo que as mulheres têm de serem consideradas prostitutas, se ou quando manifestam a sua libido, deve ser completamente revisto.

Os homens gostam que as mulheres manifestem sua libido.

E não têm nenhum preconceito contra as mulheres que agem assim.

Em suma, os homens gostam das mulheres meio putas.

A prova é que freqüentam as prostitutas.

O que os faz freqüentar as prostitutas, no fundo, é somente isto.

Não tanto o sexo propriamente dito, mas o fato de que as prostitutas são as únicas mulheres que manifestam abertamente a sua libido, ou seja, uma disponibilidade e uma vontade de não contrariar os homens nem quando fingem.

É o erotismo derivado da manifestação da libido que os fascina, não o sexo em si mesmo.

Acreditem em mim, se você finge ser uma puta no sentido de manifestar a sua libido, nenhum homem a considerará uma prostituta.

Ele vai achar que você é sedutora.

Sei que é difícil de acreditar, mas é assim.

Há uma diferença entre a puta e a prostituta.

A puta goza o sexo e o declara abertamente.

É uma mulher no cio.

Condenada injustamente pela moral que tem fobia de sexo.

A prostituta não tem nenhum prazer com o sexo.

Submete-se como uma mulher frígida.

E muitas vezes é frígida.

Frí-gi-da.

Faz isso para sobreviver.

A prostituta, coitada, presta um serviço sexual em troca de um modesto pagamento imediato em dinheiro.

É uma operária do sexo.

Quase sempre uma morta de fome.

Você, pelo contrário, é uma *sedutora*.

Seu objetivo não é prestar um serviço, mas prestar a *sedução*.

É uma função *natural*.

Que é realizada por todas as fêmeas de todas as espécies.

E a sedução deve ser sutil, refinada, subentendida e não descarada, vulgar, evidente.

Você deve fazer o homem acreditar que ele é quem está seduzindo.

Mas na realidade você é que o está seduzindo.

Essa história do homem sedutor é uma grande piada.

Foi criada e divulgada pelos homens para inflar o pequeno ego masculino.

Nenhum homem jamais conseguiu, em toda a história da humanidade, seduzir uma mulher que não quisesse ser seduzida.

Na realidade é a mulher que seduz o homem.

Ela o corteja com a sua disponibilidade e ele faz tudo para convencê-la a fazer uma coisa que ela, no seu coração, já decidiu fazer.

Mas é tão esperta que o convence de que é ele quem dá as cartas.

Sim, é verdade, na natureza é o macho que corteja a fêmea.

Mas se a pombinha, depois que o pombo a rodeou durante meia hora, inchando o peito e gorjeando, decidiu que não vai rolar nada, alça vôo e o deixa como um cretino.

E um pombo que gira sozinho, gorjeando com o peito inflado, é um cretino.

Na realidade a sedutora é você.

Deixe que o seu corpo, os seus olhos, as suas mãos falem.

As suas palavras.

E as suas palavras devem girar em torno do assunto, *aquele assunto*, o sexo, como as abelhas na floração giram em torno das flores.

Cheiram, provam, fotografam, mas não sugam o néctar, deixando a operação para as operárias, que o farão com base nas informações que lhes são transmitidas.

Seja sempre oblíqua.

Nunca direta.

Maliciosa.

Sem ser maldosa.

Ousada.

Sem ser vulgar.

Em suma, *sedutora*.

A sedução é a nobre arte *feminina*.

O aviltamento dessa nobre arte e de toda feminilidade é devido fundamentalmente à concorrência e à inveja.

Os homens sempre tiveram por ela grande consideração.

A nobre arte feminina da sedução foi praticada durante séculos pelas mulheres e sempre tida em alto conceito por doutores e iletrados.

Até o século XIX a nobre arte feminina da sedução reinou nos salões elegantes e nas tavernas populares, nas alcovas reais, nos mais modestos casebres e era descrita e exaltada pela literatura e pelas artes.

Depois veio o século 19 com a era vitoriana, e a repressão sexual que se tornou uma histeria (uma gravíssima neurose causada pela fobia sexual), uma doença grandemente difundida entre as mulheres, a nobre arte feminina da sedução, foi proibida como ilegal e imoral.

O que fez a fortuna de Feud.[18]

Que dura até hoje.

Não a fortuna de Freud, mas a proibição da arte da sedução feminina.

E isso é uma grande estupidez.

É lutar contra a natureza.

Porque foi a natureza que criou a sedução dos homens pelas mulheres de modo a convencê-los a fazer aquela coisa supercansativa que é a cópula e assim assegurar a perpetuação da espécie.

Você pode imaginar a cópula sem a excitação e, assim, sem prazer?

Um trabalho muito cansativo.

Ninguém o faria.

Foi por isso que o Criador adicionou o prazer.

Senão ninguém o faria.

Como espécie, seríamos extintos antes de progredirmos, e o Criador ficaria com cara de tacho.

O prazer não é uma invenção nossa... mas d'Ele.

Quem inventou não fomos nós, mas a natureza.

---

[18] Queria ver Freud, numa época como a nossa, onde as neuroses pipocam de todos os lados e não se entende de onde vêm. Nenhuma menina, hoje em dia, se escandaliza mais e finge que não vê se encontra a mãe com a mão no pau do papai. Mas, em compensação, milhares de meninas se entregam à morte pela anorexia sem saber por quê. Ou melhor, não sabia. Eu descobri. No meu livro *Alla ricerca delle coccole perdute*. Mas não sou Freud.

E lutar contra a natureza, como diz o grande Tao, é a causa de todos os nossos males.

É, de fato, a causa da frustração de muitíssimas mulheres que gastam tempo, energia e dinheiro à procura de uma beleza insignificante e inútil para os homens, uma vez que elas não têm aquele jogo de sedução, a única coisa que interessa a eles.

Mas o que é, precisamente, a sedução do ponto de vista psicológico?

É o que normalmente chamamos de *libido*.

Isto é, o *desejo sexual*.

O que atrai os homens não é a beleza das mulheres, mas a libido delas.

> *o que atrai os homens*
> *não é a beleza das mulheres,*
> *mas a libido delas*

Uma mulher que transpira libido é uma mulher belíssima para qualquer homem.

Até para os ricos.

Uma mulher belíssima para as mulheres, ao contrário, é uma mulher que, segundo a moda em voga, tem um peitinho ou peitão, usa calcinha pequena ou enorme, a pele alvíssima ou negra cheia de cicatrizes (ou sem elas), e por aí vai.

As africanas, por exemplo, se consideram lindas conforme o número de cicatrizes tatuadas, especialmente no rosto.

Uma mulher belíssima para as mulheres, mas sem nenhuma libido, é apenas um ícone para os homens.

Ao homem interessa a libido das mulheres e não a beleza.

Para os homens, a verdadeira beleza das mulheres consiste na libido delas.

para os homens, a verdadeira beleza das mulheres consiste na libido delas

Se têm libido e são também belíssimas pelos cânones femininos, tudo bem para nós homens.

Se têm somente libido e não são belíssimas pelos cânones femininos, também tudo bem.

Mas se são belíssimas pelos cânones femininos, mas não têm libido, para nós homens não valem nada.

Mas você está realmente convencida de que os homens gostam das anoréxicas que desfilam nas passarelas?

Se a gente gosta, é porque elas se movem libidinosamente e não porque não têm bunda nem peito.

A marcha das pernas para a frente e a corridinha de boneca mecânica que chuta o ar parece que são muito eróticas para nós homens.

Isso diz muito sobre nossa inteligência.

Na realidade, depende somente do fato de que elas *mexem muito com a bunda.*

Mas o que é precisamente a libido?

A libido humana corresponde ao cio dos animais.

Temos essa vantagem sobre os animais: podemos ficar no cio a qualquer momento.

Eles, ao contrário, coitados, somente uma ou duas vezes por ano.

Ficar no cio, para nós humanos, é uma questão de *cabeça*. Basta *pensar*.

O problema é que a nossa tendência é a de *nunca* pensar.[19]

Essa tendência aumenta com a distância da linha do equador.

No equador a gente pensa *sempre*.

Será uma questão de temperatura?

De fato, todo mundo recomenda que se faça isso num lugar quente e protegido.

Não se pensa nunca no Pólo Norte.

E por isso não tem ninguém por lá.

Ora, o primeiro obstáculo que você deve superar para se tornar linda aos olhos de um homem é o seguinte: se quer se tornar rica, linda e perua, você está disposta a mostrar a sua *libido*?

Como você está vendo, não é um obstáculo *físico*, não se trata de perder bunda, colocar silicone ou eliminar a celulite.

Trata-se de mudar a *mentalidade*.

Trata-se de deixar de ser um personagem da série "Oh, eu não penso naquelas coisas", "Se ele me quiser, que me

---

[19] Uma senhora moradora de área nobre, belíssima e com um casaco de peles caríssimo, me perguntou um dia: "Professor, eu sou linda?" "Belíssima, senhora", respondi. "E por que então não consigo um homem para mim?" Perguntei-lhe: "Mas você pensa naquela coisa?" "Meu Deus, não! Quem o senhor acha que eu sou?", respondeu-me. "Então como vai querer que os homens pensem?"

procure", ou "Não quero seduzir ninguém", "Eu não me rebaixo para fazer o que ele quer" ou "Eu não me prostituo" etc., etc.

A coisa é simples.

Você quer se tornar linda, rica e perua?

Ou quer ficar feia, pobre e burra?

Se quer se tornar linda, rica e perua, a estrada é aquela que indiquei para você.

A *sedução*.

Logo, a *libido*.

se você quer se tornar linda, rica e perua,
deve mostrar a sua libido

Se você não quer, não vou insistir.

O que eu digo a você é que a sua beleza consiste, para os homens, na sua capacidade de sedução e conseqüentemente na sua libido, que é um bem adquirível, embora não nos salões de beleza.

É um bem que está na sua cabeça e basta que você o bote para fora.

Se realmente você não tem libido, finja que tem.

se realmente você não tem libido,
finja que tem

A capacidade de seduzir um homem está dentro de você há séculos.

Como também a capacidade de representar.

Que você herdou de sua avó e de sua bisavó.
Deve somente redescobri-la.
Redescubra a feminilidade que está dentro de você.
Quando caminhar, rebole os quadris, como fazem todas as mulheres do universo, em vez de marchar como um fuzileiro naval de West Point ou se balançar desengonçada como um yeti.
Quando encarar um homem, olhe-o de baixo para cima, como se quisesse comê-lo ou como se estivesse morrendo de vontade de ser comida por ele.
Pois, se o olhar de cima para baixo, vai lembrá-lo demais da própria mãe quando o pegava com o dedo no bolo ou a mão no bilau.
Quando falar com um homem, excite seu ouvido com elogios e insinuações, em vez de enchê-lo de insultos, acusações e reivindicações.
Use as palavras para despertar a libido dele e não para lhe contar as notícias do telejornal.
A propósito do telejornal, quando ele estiver vendo, fique calada.
Se realmente precisar falar, espere os comerciais.

O sexo

Vamos dizer logo: é com o sexo que se prende um homem.
Certo, mas o caráter tem seu peso.
Mas só depois.
No começo é o sexo.
Um homem corre atrás de você para comê-la.

O seu objetivo primordial é esse.

Você sabe muito bem.

É inútil invocar a alma, o espírito, como você é linda por dentro etc., etc.[20]

As mulheres que dizem "se você me quer, deve me amar pela minha alma" não entenderam nada desta vida.

De fato, via de regra ficam pra titia.

Todas almas lindíssimas, mas titias.

Certo, pois salta fora o caráter.

E um caráter de merda, a longo prazo cansa.

É por isso que você deve se dedicar com toda a força ao sexo, antes que ele perceba que você tem um caráter de merda.

No início, quando ele ainda está com tesão, você pode se permitir todos os caprichos que lhe der na veneta.

Você pode ser inconstante, mandar ele se catar todas as vezes que quiser, pode querer e desquerer, adular e desprezar quando quiser, tudo bem.

Todos os homens são um pouco masoquistas: enlouquecem de desejo quando são maltratados pela mulher que desejam.

Obviamente precisa um pouco de açúcar, senão será necessária uma dose de masoquismo para elefante.

Que de qualquer modo não é difícil.

O masoquismo faz parte do instinto da caça.

---

[20] Um homem que tinha uma mulher bem feia disse a um amigo: "Mas ela é tão bela por dentro." O amigo respondeu: "Já experimentou virá-la pelo avesso?"

Existem homens que ficam toda uma noite gelada e chuvosa numa baia de madeira do tamanho de um boxe de banheiro esperando que passem passarinhos sobre suas cabeças para atirarem neles.

Nenhuma mulher faria uma coisa dessas.

Antes e durante a paixão o homem suporta qualquer coisa.

A natureza o dotou de uma obstinação e uma resiliência tal, que diante de uma grande represa parece que ele enxergará castelos de areia que as crianças fazem na praia.

Tudo no homem é subordinado à reprodução da espécie.

Até a honra.

Sobretudo a honra.

Mas tudo pode mudar.

Assim, passada a paixão, tudo muda.

É por isso que você deve se premunir desde o início.

Você deve malhar o ferro enquanto estiver quente.

Você deve usar o sexo como o cruzado usava a espada, como a KGB usou os agentes infiltrados nos EUA, como os gregos usaram o cavalo de Tróia, como os invasores usam a dinamite.

O sexo não deve ser menosprezado.

Nunca.

É a parte física da libido.

Na cabeça do homem vale a equação: "Mais libido, mais sexo".

O homem espera muito sexo de uma mulher cheia de libido.

É isso que o homem espera da mulher: muito sexo.

Do mesmo modo como a mulher é programada para a maternidade, o homem é programado para a procriação, ou seja, para a cópula; logo, para o sexo.

É incrível que, em público, vocês, mulheres, se lamentam disso: vocês acusam os homens de não pensarem em outra coisa e não quererem outra coisa de vocês.

Sexo.

Mas intimamente vocês se lamentam se o seu homem diminui a freqüência.

Como se vê, vocês são contraditórias.

O que, naturalmente, é absolutamente natural.

Nós não pretendemos que vocês, mulheres, não sejam contraditórias.

Há séculos que aceitamos esse fato como aceitamos as chuvas de verão.

Mas teríamos prazer se vocês fossem honestas e admitissem o fato.

Não tanto para nós, mas para vocês mesmas.

Seria de grande auxílio para vocês.

Não a não ser contraditórias, o que é impossível, pois se trata de uma realidade: vocês são contraditórias.

Mas nos aceitar como somos.

Obcecados pelo sexo.

É um instinto nosso.

Nós não pensamos em outra coisa quando vemos uma mulher.[21]

---

[21] Aos 16 anos perguntei a minha mãe, uma mulher de grande sabedoria. "Mãe, como se faz para conquistar uma mulher?" "Para conquistar uma mulher, meu filho, precisa ser muito bonito ou muito interessante. Concentre-se em ser interessante."

E, se dizemos que não estamos pensando, é somente para não amedrontá-las.

Vocês sabem muito bem.

Mas seria bom se vocês também pensassem um pouco de vez em quando.

Sexo quer dizer *iniciativa*.

Você deve aprender a tomar a iniciativa quando faz sexo.

Tem que aprender a ser *ativa*.

A idéia de que a mulher deve ser passiva quando faz sexo é repugnante.

E quem disse isso a ela?

Não vem, talvez, de sua reputação?

Sim, mas da sua reputação erótica, não da reputação moral.

Pois para o homem uma mulher passiva é uma mulher sem libido.

Como um peixe no vapor e sem sal.

Aquilo que vocês falam de um homem impotente.

Uma mulher sexualmente ativa, capaz de tomar a iniciativa na cama, é fascinante para um homem porque lhe transmite a sua excitação e a sua libido, o que para o homem é um potentíssimo afrodisíaco.

Você deve aprender a fazer sexo.

Sei que, se você está acostumada a não fazer, pode ser que nem tenha vontade.

Pois, se é falso o que sustentam os onanistas darwinianos, que a função faz crescer o órgão (teríamos pênis e vulvas enormes), é verdade que a função faz crescer o desejo.

Quanto mais faz, mais você tem vontade de fazê-lo.

Quanto menos o faz, menos vontade tem de fazê-lo.

Como beber, comer, fumar e tudo mais.

Você deve fazer o máximo de sexo possível para realizar o seu projeto.

De modo a aprender a fazer bem.

De modo a ficar com vontade de fazer.

Mas, atenção!

Nunca faça muito freqüentemente com o homem com quem você quer casar.

Uma semana de paixão é o máximo, que nunca mais se deve repetir.

Uma semana você pode dar a ele.

Se quiser, dê a ele uma amostra do que você é capaz.

Mas depois chega.

Depois, você dá com conta-gotas.

Pois assim ele fica sonhando com aquela semana.

Deve desejar tanto que chegue a se casar com você para gozar de novo como naquela semana.

Lembra-se das nossas avós e da história da virgindade delas?

Um invenção masculina.

Uma pretensão de primado e de exclusividade.

Uma verdadeira imbecilidade: na verdade um gol contra.

Pois no fim acaba sendo uma vantagem para as mulheres.

Que assim conseguiam não serem obrigadas a dar logo o que os homens queriam, de modo a obrigá-lo a casar-se para obtê-lo.

Ou se casa comigo, ou nada.

Essa era a regra imposta pelas nossas avós aos nossos avôs.

E eles regularmente se casavam com elas.

Para possuí-las.

Podiam ter todas a mulheres do bar, do puteiro, do mercado, mas não, só queriam as nossas avós.

Por quê?

Porque não eram deles.

Porque o homem é programado para a *conquista*.

É programado para conquistar a mulher.

E para conquistar a mulher é capaz de tudo.

Até de se casar com ela.

Depois, uma vez casado, se cansa, quer uma outra.

Por quê?

Porque o homem é programado assim.

É instintivamente polígamo.

o homem é instintivamente polígamo

Você imagina o homem das cavernas com a mesma mulher por toda a vida?

No máximo um filho por ano durante vinte anos.

O que já é uma loucura.

Para povoar a Terra seriam necessários bilhões de anos.

Assim a natureza tratou de lhe fornecer um *harém*.

Assim pôde, a seu turno, engravidá-las e assegurar com isso a reprodução da espécie.

O homem tem necessidade de mudar de mulher para se excitar.

É trágico, mas é assim.

Enquanto você não entender e aceitar esse fato, não vai conseguir dar sequer UM passo à frente no seu relacionamento com os homens.

E não apenas você não conseguirá tornar-se rica e perua, como também não conseguirá agarrar um homem.

Nem mesmo um morto de fome.

O homem precisa, para se excitar sexualmente, de mudar de mulher continuadamente.[22]

É por isso que para o homem não tem muita importância se a mulher é bonita ou feia.

Esse é o único grande e verdadeiro afrodisíaco para o homem: *uma nova mulher*.[23]

o verdadeiro afrodisíaco para o homem é uma nova mulher

Uma verdadeira maldição para você.

Mas, pode acreditar, para ele também.

Pois se vê forçado a estar sempre procurando.

Com todas as dificuldades criadas pela situação e também por você.

Não há nenhuma ironia nessa afirmação.

---

[22] Durante um programa de televisão, Vittorio Sgarbi foi acusado de ser um maníaco sexual porque trocava de mulher todas as semanas. Ele respondeu: "Sou perfeitamente normal. Maníacos sexuais são os homens que conseguem se excitar toda a vida com a mesma mulher."

[23] Lembram-se da letra da canção de Fabrizio De André? "Mas será a primeira que você encontrar na rua que você cobrirá de ouro por um beijo que nunca foi dado, por um novo amor..."

Não é uma defesa do ofício dos homens.
É uma descrição objetiva da situação.
Se quiser mantê-lo amarrado sexualmente, você tem que se transformar todo o tempo.
Penteado, roupas, ambiente, até comportamento.
E possivelmente também a posição.
E dar raramente, como se cada vez você fosse uma novidade, uma aventura.
De fato, o homem adora uma aventura.

o homem adora a aventura

A conquista.

o homem adora a conquista

A caça.

o homem adora a caça

O homem sempre caçou as mulheres nas savanas da Terra por milhões de anos.
Esse instinto se manteve na sua personalidade.
O homem tem o instinto de copular com mais mulheres do que pode.
Esperar que um homem seja sexualmente fiel é uma ilusão de pureza.

o homem é sexualmente infiel

O homem é facilmente fiel afetivamente, mas não sexualmente.

De fato, o homem é muito mais fiel afetivamente do que as mulheres pensam.

o homem é fiel afetivamente

Se quer bem a uma mulher, volte sempre para ela.

A sexualidade para ele é um ato material desprovido de importância.

para o homem sexualidade é somente um ato material

É isso que vocês, mulheres, não conseguem entender.

Vocês estão tão condicionadas pela equação *sexualidade igual a afetividade* que não conseguem conceber um ato sexual desprovido do componente afetivo.

Para vocês, se um homem faz sexo com outra mulher, quer dizer que não lhe tem mais amor.

Tudo errado.

Isso pode estar certo *para vocês*, mas não para os homens.

Com essa idéia vocês destruíram milhares de casamentos.

E continuam a destruir.

Na base do eterno contencioso entre homens e mulheres existe sempre e somente isso.

A presença para as mulheres, e a ausência para os homens, do afeto no sexo.

na presença da afetividade no sexo para as mulheres
e na ausência da afetividade no sexo para os homens
está a base do eterno contencioso
entre homens e mulheres

Vocês mulheres consideram que fazer sexo com outra mulher é uma *traição*.

Uma traição *afetiva*.

Mas para um homem a palavra "traição" não faz nenhum sentido.

Não mais do que chamar de traição o fato de comer no restaurante e não em casa.

O homem considera o sexo comparável a uma refeição!

Sei que para vocês, mulheres, é trágico, mas é assim.

Fazer sexo com outra mulher e não com a própria esposa nada tem a ver com a relação afetiva conjugal.

Muitas vezes ele nem se recorda como se chama aquela com quem fez sexo.

É como um aniversário ou uma data importante para a mulher.

Esperar que o homem se lembre dos aniversários e outras datas é como esperar que uma mulher se lembre da lista de canais na TV a cabo.

Também aqui, não só a expectativa, mas também e, sobretudo, a raiva de vocês, mulheres, diante desse fato da natureza têm a mesma utilidade de se zangarem quando chove.

A cabeça dos homens está cheia de estratagemas, soluções, dispositivos, estruturas, situações operativas e organizações.

Não é como a cabeça de vocês que está cheia de detalhes e lembranças de relações afetivas, sentimentais, emotivas, dialéticas e formais.

Aniversários e datas para o homem não têm nenhum significado.

Ele é pouco ligado em simbolismo.

É por isso que para se lembrar ele tem que escrever na sua agenda.

E o faz por favor a vocês.

Por gentileza com vocês.

Para ele o simbolismo não tem muito sentido.

Ele não dá a mínima bola.

Acha que tudo isso é pura bobagem.

Formalismo inútil.

Se não anota em sua agenda ou por acaso se esquece de consultá-la, está frito.

Já vi noivados e casamentos arruinados pelo esquecimento masculino de um aniversário ou data importante.

Sei que para vocês, mulheres, trata-se de uma questão de princípio.

Mas cuidado para não ficar com o peixe na mão.[24]

Para o homem a afetividade não é um fato formal, mas substancial.

Quer bem a você, e basta.

Ele não se sente obrigado a demonstrá-lo com atos formais.

---

[24] Ver na página 93, nota 31, a anedota do russo e do chinês.

As rosas, os bolos, as velinhas, as canções, os cartões-postais são coisas inventadas por vocês, mulheres.

Ele as manda para lhes dar prazer.

Porque quer bem a vocês.

Mas ele não dá a menor bola para esses símbolos.

E, se você não faz para ele, também não é motivo para ficar zangado.

Um homem jamais fará uma cena se você se esquecer do aniversário dele ou de uma data importante.

Sei que para você é difícil acreditar que ele lhe quer bem, apesar de esquecer seu aniversário, mas é assim mesmo que acontece.

Para ele, a demonstração de querer bem é emigrar para a Rússia onde trabalhará numa mina de carvão para mandar dois terços do salário para manter você e seus filhos.

É combater numa guerra para defender a sua casa e a sua segurança.

É sair para comprar morangos em pleno inverno porque você está com vontade de comer morangos.

É dirigir disparado no meio da noite para a maternidade quando você entra em trabalho de parto.

É fazer um sacrifício extraordinário para comprar um casaco de peles para você.

Os homens são assim mesmo.

São materialistas.

Mas a diferença entre os homens e as mulheres não é somente essa.

Os homens compreenderam, depois de séculos de chiliques, que vocês prezam o formalismo.

Talvez eles até se incomodem, mas compreenderam que vocês são assim.

Vocês, ao contrário, ainda não compreenderam que eles não estão nem aí e consideram tudo isso uma grande bobagem.

Porque, ao contrário do homem que vive o universo no exterior, vocês vivem com o universo no seu interior.

Talvez porque os homens obrigaram vocês a viver dentro de casa durante muito tempo.

E tudo que está do lado de fora não existe.

Assim como a sexualidade sem a afetividade.

Para vocês é um absurdo.

Inadmissível.

Vocês não são capazes nem de conceber o conceito.

Imagine admiti-lo e aceitá-lo.

E isso impede vocês de compreenderem os homens.

No homem a sexualidade e a afetividade estão separadas.

no homem a sexualidade e a afetividade estão separadas

Nunca se esqueça.

Isso também é um expediente da natureza para obrigar o homem a procriar o máximo possível.

Você imagina o homem das cavernas que se não está apaixonado não acasala?

Seria o fim da raça humana.

E com que cara ficaria o Criador?

O homem não é como você.

Pode parecer incrível para você, mas ele é diferente.

Completamente diferente.

Aliás, para dizer tudo, completamente o oposto.

Para ele a afetividade não é, como para você, um afrodisíaco.

Para ele a afetividade é um obstáculo à sexualidade, em certos casos talvez um fator de impotência.

para os homens a afetividade pode ser
um fator de impotência

A ternura demasiada mata a sexualidade masculina.

O homem tem necessidade de conquistar uma mulher como caça para se excitar sexualmente.

No passado o fazia pelas savanas.

Hoje a persegue na cidade pelo telefone.

Mas tem sempre necessidade de uma nova mulher, para manter a eficiência da sua sexualidade.

Mudando continuadamente de mulher, até um velhinho de 80 se torna um garanhão.

Criou-se a lenda de que depois dos 60 anos o homem perde a potência sexual.

Essa lenda tem sua origem no casamento monogâmico.

A tendência do homem é ficar impotente se fizer sexo sempre com a mesma mulher.

para o homem a sexualidade com a mesma mulher
pode ser um fator de impotência

Até antes dos 60 anos.

Porque ocorre o desgaste pelo uso habitual, que é o contrário do seu afrodisíaco, a *novidade*.

É o análogo masculino da mulher não estar mais apaixonada.

Se uma mulher não tem mais amor por um homem, ela se torna sexualmente impotente com ele.

Você sabe muito bem.

A afetividade é o afrodisíaco feminino.

A novidade é o afrodisíaco masculino.

a novidade é o afrodisíaco masculino

Acreditar que o homem possa ser sempre sexualmente fiel ou pretender que o seja é de uma fatal ingenuidade.

Não somente para ele, mas também para você.

E é a causa mais freqüente do fim do casamento.

O homem tem uma necessidade fisiológica e psicológica de fazer sexo sempre com uma mulher diferente.

Até um amante, depois de pouco tempo, torna-se rotineiro.

Deve sempre mudar.

É um erro culpá-lo por isso.

Não é sua vontade ou malícia que o impulsiona.

Ele não é tão esperto.

É o seu instinto.

Como o é para você ter filhos.

Claro, ele pode deixar de mudar de mulher como você também pode renunciar a ter filhos, mas isso é a felicidade?

Todo mundo persegue a própria felicidade, e assim também o homem.

Por acaso não é verdadeiro que os homens são traidores, estúpidos e inconfiáveis?

Você sempre disse isso.

Por acaso não é verdade que os homens, se podem, estão sempre prontos para trair?

Você sempre disse isso.

Está vendo que tem razão?

Com certeza, isso não exclui o fato de que existem homens que são monógamos a vida toda.

Uma educação rígida, um empenho na observância das regras sociais e uma forte religiosidade podem permitir ao homem uma monogamia prolongada.

Mas vai de encontro ao instinto.

Como para as mulheres renunciar a ter filhos.

Fazer sexo somente com o fim de procriar e, portanto, raramente pode permitir ao homem uma monogamia prolongada.

Mas isso equivale a uma abstinência.

O que, naturalmente, é possível.

A rotina e o sexo habitual sempre com a mesma mulher tiram do homem toda a excitação.

É por isso que se diz que o casamento é o túmulo do amor.

O que não é verdade.

Não é o túmulo do amor, mas do sexo.

Por isso, você deve dar-lhe com conta-gotas.

Não deve deixar que se transforme em rotina, hábito, pílula sem gosto.

O que significa, de fato, o sexo para o homem?

Significa *excitação*.

O homem normal, mesmo quando está apressado, não tira prazer do orgasmo que para ela, ao contrário das mulheres, é instantâneo e põe fim ao prazer.

O prazer para o homem é somente isto: excitação.

Logo, dar prazer a um homem significa isto: excitá-lo.

Mas excitá-lo não significa deixá-lo saciado.

Eis por que a sua libido é tão importante.

Porque a libido ou a vontade sexual da mulher, verdadeira ou fingida, excita o homem, já lhe dá prazer e, conseqüentemente, o *seduz*.

Parecerá incrível para você, mas os homens são tão famintos pela libido feminina que não conseguem distinguir uma gozada autêntica de uma falsa.

Como demonstram os que procuram as prostitutas.

Do mesmo modo como não sabem distinguir uma libido autêntica de uma falsa.

Lembra-se da cena do restaurante no filme *Harry e Sally — Feitos um para o Outro e De Repente é Amor* (Rob Reiner, 1989)?

Foi justamente isso que permitiu às mulheres, durante séculos, fazer com os homens o que elas quisessem: representando como atrizes a parte das libidinosas, mesmo quando não eram.

"Seduzir" significa "guiar para si".

Como a cenoura que guia o burro de carga.

Indefinidamente.

Isso é o que você deve fazer.

Tornar-se uma cenoura.

Mantê-lo sempre em estado de excitação.

Com a excitação, com os elogios, com a promessa de sexo, você pode conseguir que um homem faça qualquer coisa que você queira.

Se excitado, atraído por uma promessa, o homem pode realizar qualquer coisa.

Uma lenda inventada pelos homens diz que existe um verso de Homero assim descrito: "Um fio de cabelo de mulher (o original cita uma parte específica da mulher, mas me parece mais delicado me referir ao detalhe) puxa mais carga do que uma junta de bois".

Não é verdade (que o verso seja de Homero), mas ilustra a idéia.

O homem, se atraído por uma mulher, pode singrar mares, conquistar continentes, construir e destruir impérios.

Como demonstram Páris, Menelau, Ulisses, Marco Antônio, Lancelote e Napoleão.[25]

Como resultado, olhares lânguidos, palavras subentendidas, alusões ousadas, gestos carinhosos, exibições apa-

---

[25] Napoleão, esse gigante militar e político, durante a campanha da Itália, escrevia a sua Josefina: "Não passei um dia sem amá-la. Não passei uma noite sem apertá-la nos meus braços. Não tomei uma taça de chá sem maldizer a glória e a ambição que me mantêm longe do sentido da minha vida. No meio dos combates, à frente das minhas tropas, percorrendo os campos, a minha adorada Josefina é a única a ocupar o meu coração, o meu espírito e o meu pensamento." (G. Gerosa, *Napoleone*, vol. I, Mondadori, Milão, 1995, p. 143)

rentemente casuais e até mesmo esconder maliciosamente uma parte secreta do seu corpo e de sua alma.

Isso também é sexo.

Pois o homem goza mais com o imaginado do que com o real.

Com a fantasia mais do que com a realidade.

Com a sugestão mais do que com o fato.

Do prometido mais do que o obtido.

Por acaso não é a mesma coisa que ocorre com você?

Por esse motivo um homem se excita muito mais diante de uma mulher pouco vestida do que com uma mulher nua.

A Bíblia narra que os judeus foram obrigados a ordenar que suas mulheres se vestissem, pois a visão permanente da nudez havia diminuído sua fecundidade.

Lembre-se: nunca fique completamente nua.

nunca fique completamente nua

Coco Chanel, grande mestra de sedução, dizia: *Surtout, mesdames, ne vous ôtez jamais les bas et les chaussures* (sobretudo, senhoras, nunca tirem as meias e os sapatos).

De fato, se a excitação feminina é tátil, como você sabe muito bem, a masculina é *visual*.

a excitação masculina é visual

A natureza funciona assim: o homem vê a nudez da mulher, se excita, lhe faz carícias; aí, ela também se excita e acontece a cópula.

Não há nenhum motivo válido para subverter a ordem da natureza.

Tem funcionado por milhões de anos e não vejo por que não deva continuar assim.

Logo, mostre-lhe sua nudez!

Mas, ainda nesse caso, a conta-gotas.

A essa altura, você perguntará espontaneamente: mas que é isso, sou uma mulher ou um conta-gotas?

Não sei, mas, se você pensar também no aleitamento, a pergunta se torna séria.

Então um peito não totalmente descoberto aqui, uma meia coxa ali, um umbiguinho pra lá, um cofrinho pra cá.

Dê várias voltas para esse strip-tease sem-vergonha!

E o que te custa?

Você não percebeu que os homens são loucos pelo strip-tease?

Quando as mulheres eram mais femininas, faziam o strip-tease com gosto.

Lembra-se de Sofia Loren quando fez o strip-tease para Marcello Mastroianni no filme *Ontem, hoje e amanhã* (De Sica, 1963)?

E com que alegria, com que prazer!

Porque, sim, para uma mulher que vive a sua própria feminilidade, fazer um strip-tease é um prazer.

A fêmea é exibicionista.

Está na sua natureza.

Como demonstra a mulher do macaco.

O argumento de que nós não somos como os símios não se sustenta.

Somos como os símios.

O instinto da fêmea é excitar o macho para convencê-lo a se acasalar.

A verdade é que esse instinto foi diminuindo até se perder ultimamente.

Mas a sua diminuição ocorreu *pari passu* com a diminuição da feminilidade.

Pode ser que seja o resultado de uma livre escolha ou de uma liberação, mas é um fato.

Isso pode escapar às mulheres.

Mas é uma pena.

Mais para a mulher do que para o homem.

Porque a grandeza da mulher é a sua feminilidade, não a sua igualdade com o homem.

A mulher é superior ao homem.

Quando procura a paridade, ela se rebaixa.

Renuncia a qualquer coisa de si própria.

O resultado é que sua capacidade de sedução e, em conseqüência, de domínio fica drasticamente reduzida.

As nossas avós e até mesmo as nossas mães eram mais sedutoras.

E, como resultado, mais dominadoras, talvez não em tudo, mais pelo menos no âmbito familiar.

O coquetismo feminino incluía decotes generosos e saias esvoaçantes que mostravam detalhes da roupa íntima.

Mostrar furtivamente um pequeno flash de sua nudez ao seu homem faz parte da grande arte da sedução que ficou esquecida e que você pode redescobrir passando na frente de suas concorrentes.

Até em público.

Isso os excita demais.

Certo, não dá para adiar infinitamente.

De noite, mesmo o burro de carga, que puxou a carroça o dia inteiro, quer comer aquela porra de cenoura que ele viu balançar na frente dos seus olhos durante a jornada, pois senão enlouquece, além de morrer de fome.

E aí entra o sexo.

O verdadeiro.

Essa a cruz de vocês, mulheres.

É sim, pois depois de anos de experiência como psicólogo conheci poucas mulheres que dissessem: "Ah, como eu gozo quando faço sexo!"

Todas encontram uma desculpa para não fazê-lo.

Ou têm afazeres que a esperam naquele momento.

Ou têm que cuidar das crianças.

Ou têm que arrumar a casa.

Ou estão cansadas.

Ou estão sem vontade.

Ou está na hora da novela.

Ou estão menstruadas, que, como se sabe, os homens, que são distraídos, nem se lembram de que pode vir duas vezes por mês.

Ou têm dor de cabeça.[26]

Sei que muitas vezes a culpa é do homem.

Uma rapidinha, e cai fora.

Da série: "Querida, se eu soubesse que você era virgem, eu ia mais devagar", "Querido, se soubesse que você estava com tanta pressa, eu tinha vindo sem a meia-calça".

---

[26] Um dia, um marido exasperado levou a mulher ao jardim zoológico, obrigou a coitada a ficar nua, jogou-a na jaula do gorila e lhe disse: "E agora querida? Quero ver você dizer a ele que está com dor de cabeça."

Nem mesmo o tempo de perceber.
Mas tudo isso pode mudar.
O homem pode se educar.
Do ponto de vista sexual, há basicamente dois tipos de homem: o primitivo e o *tântrico*.
O homem primitivo continua a se comportar como sempre o fez por milhões de anos.
Por milhões de anos ele esquadrinhou as savanas, viu uma mulher recolhendo os frutos caídos de uma árvore (sabe-se que para apanhar os frutos caídos das árvores é preciso ficar com a bunda para cima: foi assim que nasceu a culinária), pulou atrás dela e fez o seu dever de reprodutor da espécie do modo mais rápido possível antes que uma fera se aproveitasse de sua momentânea distração para transformá-lo numa refeição completa.
Esse hábito milenar permaneceu guardado na lembrança.
A *ejaculação precoce* é regra masculina.
Mas pertence ao homem primitivo.
Ao contrário, o homem moderno é o homem tântrico.
O homem tântrico não realiza sua sexualidade para a reprodução, mas para o prazer.
O que não significa renunciar à reprodução.
Dedicar-se uma vez por ano à reprodução é mais do que suficiente.
Podemos dizer que talvez seja até demasiado.
O homem tântrico acha que a finalidade do ato sexual é o prazer.
Não somente o seu, mas também o da mulher.
Sobretudo o da mulher.
E prolonga o mais possível o prazer de ambos.

Não somente a excitação como as preliminares constituem o prazer do homem tântrico, mas também o coito em si mesmo, que o homem tântrico prolonga até fazer coincidir o seu orgasmo com o orgasmo feminino, sem jamais levá-lo a termo e, assim, provocando orgasmos múltiplos na mulher.[27]

Ora, diria você, tudo isso é maravilhoso.

Mas onde encontro um homem tântrico?

Talvez nunca.

Os tântricos são pouquíssimos.

Mas você pode transformar seu homem primitivo em homem tântrico.

Porque você já é uma mulher tântrica.

As mulheres são tântricas por natureza.

Sua capacidade natural de terem orgasmos prolongados e até um orgasmo depois de outro faz com que estejam sempre predispostas ao sexo tântrico.

De fato, o sexo tântrico consiste propriamente em prolongar o orgasmo até torná-lo um estado de transe no qual a consciência individual se reúne à consciência cósmica.

A utilização do sexo em função espiritual ou religiosa é uma prerrogativa da cultura oriental.

---

[27] Para aprofundamento do sexo tântrico ver, por exemplo, A. van Lysebeth, *Tantra, o culto da feminilidade*. As antigas técnicas, sobremodo invasivas, expostas nesse e em outros testes adequados para prolongar a resistência sexual masculina podem hoje ser substituídas pelos potencializadores sexuais encontrados normalmente nas farmácias, que têm não somente um efeito milagroso sobre sujeitos impotentes, mas também um efeito de retardamento sobre os sujeitos normais.

O sexo tântrico é uma disciplina masculina, mas é ensinada às mulheres, que podem refinar e potencializar seus dotes naturais.

Espera-se da mulher não apenas dirigir o prazer do homem de modo a não deixá-lo terminar, mas também aumentar o seu próprio, ampliando também o do homem, fazendo de sua "yoni" uma "mão de Gopi".[28]

Os sacerdotes tântricos formam os homens tântricos.[29]

Aprenda a tomar a iniciativa.

Não acredite na lenda de que os homens gostam de ser ativos.

Nem sempre.

Aliás, quase nunca.

Os homens não gostam de mulheres que agem como bonecas infláveis.

Os homens, todos, gostam de mulheres que cuidam deles sexualmente, que se dedicam a eles e ao prazer deles.

Exatamente como as mulheres.

O sexo tântrico consiste própria e praticamente na dedicação ao outro.

Principalmente com sentido religioso.

As cortesãs orientais e ocidentais sabiam muito bem disso.

---

[28] Ver o capítulo *Exercitar a yoni* em A. van Lysebeth, *Tantra*.
[29] Existem escolas pelo mundo que ensinam o sexo tântrico. As mais conhecidas são as fundadas por Osho Rainesh com seus alunos (ver na internet "Associações Tântricas").

E as poucas que ainda restam também sabem muito bem.

É por isso que os homens vão às casas de prazer.

Não para simplesmente fazer sexo e tchau.

Mas para encontrar uma mulher que se dedique sexualmente a eles.

Coisa que dificilmente uma mulher faz.[30]

É por isso que os maridos traem.

Procuram uma mulher que se dedique sexualmente a eles.

Muitas vezes não encontram e continuam a procurar.

Do ponto de vista de uma mulher, isso é traição.

Mas para o homem não é.

É procura de sexualidade dedicada.

E faz parte da natureza instintiva do homem.

O homem deseja ser excitado e solicitado no seu próprio prazer.

"Certo", você me dirá. "E por quê? Nós, mulheres, não?"

Sim, certamente, vocês, mulheres, também.

Mas você que quer se tornar linda, rica e perua deve começar primeiro.

Você não deve criar caso por uma questão de princípio.[31]

---

[30] O boquete, por exemplo, é muito praticado pelas prostitutas e por pouquíssimas mulheres casadas. Nos próprios maridos. Nos amantes mais freqüentemente. Isso lhe diz algo?

[31] Um dia, na Mongólia, um soldado russo e um chinês estacionados como sentinelas em cada extremidade de uma ponte num rio demarcador de fronteira pescaram com anzol o mesmo peixe e reclamaram juntamente a posse. "O peixe é meu", disse o russo. "Por quê?" perguntou o chinês. "Por uma questão de princípio", respondeu o russo. Como ambos estavam há meses em

Dedique-se ao prazer dele e você descobrirá que isto se tornará também o seu prazer.

Ele também fará a mesma descoberta e então se dedicará ao seu prazer pelo prazer dele.

Isto é o sexo tântrico.

O sexo bem-feito é dedicação recíproca.

Porque não há nada mais excitante do que o prazer do outro.

É por isso que as cortesãs fingem o orgasmo.

Porque sabem que isto excita os homens.

Dedique-se ao prazer dele e faça com que ele se prolongue, e se aplique o máximo possível, e cada vez mais e mais.

Então ele se dedicará ao prazer de vocês, que terão experiências que nem acreditavam ser possíveis.

Porque, como descobriu Paolo Mantegazza há quase um século e meio: como não existe limite para a dor, também não existe limite para o prazer.[32]

Torne-se uma sacerdotisa tântrica e você conquistará todos os homens ricos que quiser.

Normalmente as sacerdotisas tântricas não se dedicam à caça de homens ricos, mas você pode ser uma exceção.

---

total abstinência sexual, o chinês propôs a solução da questão mediante sodomia recíproca, ficando o peixe ao que demonstrasse melhor desempenho. Pensando que o chinês pudesse superá-lo facilmente, o russo lhe impôs começar primeiro. "Por quê?" indagou o chinês. "Por uma questão de princípio", respondeu o russo. O chinês se empenhou ao máximo. "Agora é minha vez", avisou o russo quando o chinês terminou. "Não, não", disse o chinês, "pode ficar com o peixe."

[32] Ver *La fisiologia del piacere* (*A fisiologia do prazer*), 1877.

Você obterá a gratidão eterna do homem que ajudar a se desenvolver sexualmente.

Se ele tiver um mínimo de espiritualidade, ficará pelo menos reconhecido a você pela elevação espiritual.

Se, além disso, for podre de rico, sua gratidão valerá seu peso (melhor o dele) em ouro.

Nada é mais maravilhoso, de fato, para um homem do que uma mulher que sabe fazer bem o amor.

Se, além disso, essa mulher o ensina a fazer melhor o amor, para um homem isso é o máximo.

Uma mulher que o seduza, o excite com sua feminilidade, com seus elogios, com promessas de um prazer sexual, que depois efetivamente lhe concede, é mil vezes mais sedutora do que ele jamais poderia imaginar: para um homem, essa mulher *é maravilhosa*.

Melhor do que o tamanho dos peitos e o volume das nádegas.

Ela pode até ter uma pele mais áspera do que lixa!

A boneca

Não é verdade que as bonecas sejam os brinquedos preferidos das mulheres.

Os homens as adoram.

Chegam até a fazê-las infláveis como balões, de modo a poder levá-las para a praia.[33]

---

[33] Um dia um cego levou uma boneca inflável à praia e se deitou em cima dela. Quando um padre protestou que ele escandalizava os meninos, ele se espantou: "Mas então... durante todo o inverno eu trepei com o colchonete?"

Nunca se esqueça: *os homens adoram bonecas.*

A mulher linda para um homem não é aquela que sabe tudo, que fala sobre tudo, que faz de tudo, que consegue resolver tudo sozinha.

O que faz um homem com uma mulher assim?

Especialmente um homem rico.

E ele, vai fazer o quê?

Os homens gostam das mulheres desajeitadas, que não sabem fazer absolutamente nada.

Falo dos homens empreendedores, aqueles que ganham dinheiro.

Justamente aqueles que interessam a você: os ricos.

É certo que os mortos de fome querem uma mulher que saiba cozinhar, arrumar a casa, escolher os produtos mais baratos no supermercado, cuidar dos filhos e que ganhe um salário decente, mas não superior ao deles, para que não se sintam inferiorizados.

E o que você vai fazer com um morto de fome?

Um homem assim vai te matar de trabalhar e não fará de você uma mulher rica a menos que ganhe na loteria.

Não foi dito que você deve se tornar rica, linda e perua?

E que para isso deve se casar com um ricaço?

Então vamos falar de homens ricos.

Os homens ricos não se interessam por uma mulher que saiba cozinhar, arrumar a casa, escolher os produtos mais baratos no supermercado, cuidar dos filhos e que ganhe um salário.

Para as primeiras quatro coisas existem as cozinheiras, as arrumadeiras e as babás. Já para a quinta só existe ele.

Você não deve fazer absolutamente nada.

Assim sendo, espera-se que você não faça absolutamente nada.

A não ser sexo, naturalmente.

E naquilo, como já vimos, você deve ser uma mestra.

Você para ele é uma *boneca*.

Você é o *plus* na sua vida.

Não subestime essa função.

Para um homem e em particular um homem rico, os opcionais valem mais do que o automóvel.

O opcional, a boneca, se constitui para um homem rico a diferença entre uma vida de celebridade e uma vida insignificante.

De fato, quantos homens podem ter uma boneca?

Você deve ser o presente dos deuses para ele.

A recompensa que ele mereceu pela guerra que teve que combater lá fora.

A gueixa ou a *personal trainer* que o acolhe sorridente à noite quando ele volta para casa cansado de lutar contra os dragões.

O prazer que ele recebe, enfim, é a recompensa de todas as frustrações e fadigas que teve que enfrentar fora de sua caverna.

Sem que lhe torrem o saco com os problemas que você pode ter, da casa e dos filhos.

É isso que faz a diferença entre uma boneca e uma esposa.

Essa última, coitada, talvez se esforce e consiga, de vez em quando, ser uma boneca.

Mas depois lhe escapam seus próprios problemas, dos filhos, da casa.

Naturalmente que não consegue ser de outra forma.

Porque são os problemas *dela*.

A boneca não os tem.

A boneca não tem problemas.

E por isso não os bota para fora.

E nem procura tê-los.

O homem, egoísta como ele só, não quer saber se você tem problemas ou não.

O que lhe interessa é que você não jogue os problemas em cima dele.

Que não encha o saco quando ele volta cansado à caverna depois de um dia inteiro combatendo as feras na selva.

Por seu lado, os problemas fora da caverna ele não pensa em trazer para você resolver.

A menos que seja um grosseirão.

Mas, se você se casou com um grosseirão, o problema é seu.

Um homem rico não quer saber se você sabe cozinhar a carne assada com a receita da mamãe (para isso existem restaurantes onde há cozinheiros que tiveram uma mãe ainda mais habilidosa que a sua) ou que você tenha uma fórmula secreta para polir e lustrar objetos de latão.

Um homem rico não quer saber de uma boa dona-de-casa.

Nem de uma mulher culta.
Nem de uma mãe abnegada.
Para isso existem especialistas.
O homem rico quer uma *boneca*.
Mas o que é precisamente uma boneca?
Uma boneca é uma menina com a malícia e o corpo de uma mulher.

Bonecas maravilhosas (como atrizes): Marilyn Monroe e Valeria Marini.[34]

Essas devem servir de modelo para você.

A boneca é uma menina que se pendura nos lábios dele, depende dele, tem necessidade do seu auxílio, fica perdida sem ele.

E o faz se sentir um deus.

E então ele se torna atencioso, afetuoso, protetor.

E a acaricia.

Pois se é verdade que você, como todas, o acariciam, também é verdadeiro que as carícias o provocam.

Qual o homem que pode acariciar uma mulher que sabe fazer tudo, que sabe tudo, que não tem necessidade dele nem de ninguém?

É como pretender que a gente faça carícias em um crocodilo.

Uma mulher assim não deve se casar.

Deve ficar solteira a vida toda.

Sem dinheiro.

A menos que tenha vontade e seja capaz de ganhar ela mesma.

---

[34] Que interpretou o filme intitulado, a propósito, *A boneca* (J. J. Bigas Luna, 1996).

Mas jamais ganhará tanto como um homem.

Quanto mais não seja por falta de memória histórica.

Quantas são, na história da humanidade, as mulheres que ganharam, sozinhas, tanto dinheiro quanto um Rockfeller, um Bill Gates ou um Berlusconi?

Os homens acumularam uma experiência milenar de ganhar dinheiro que nenhuma mulher possui.

Desse modo, se você quer se tornar realmente rica e linda sem se cansar deve se tornar uma perua e fazer o papel de boneca.

Não há contradição em fazer o papel de perua, isto é, adulta, e fazer o papel de boneca, isto é, menina.

Pois fazer o papel de menina não é ser menina.

Você vai *fingir*, estamos de acordo, mas o que é mais fácil para uma mulher do que fingir?

As mulheres têm fingido durante séculos.

Têm uma vocação e um jeito especial para representar.

Têm, assim como os homens para ganhar dinheiro, uma *memória histórica*.

A literatura de todos os tempos tem exaltado a capacidade de fingimento das mulheres.

*a mulher é volúvel, como uma pluma no vento,
muda de tom e de idéia**

Isso é o que pensam os homens.

Mas não é verdade.

---

* *La donna è mobile qual piuma al vento, muta d'accento e di pensiero.* Alusão à célebre ária da ópera *Rigoletto*, de Verdi. (N.T.)

As mulheres são muito seguras de suas idéias.
É que fingem.
Fingem o riso e o choro.
Sempre fizeram assim.
E o fazem com um objetivo bem preciso.
Laçar os homens.
Que merecem amplamente.
Que façam com eles o que elas quiserem.
E para segurá-los dão o que eles querem.
Quer uma boneca?
Dê-lhe uma boneca.
Aja como uma boneca.
Aliás, não precisa fingir sempre.
Somente pelo tempo necessário para você enriquecer.
Desperte o instinto paternal dele.
Mas ao mesmo tempo desperte a libido dele.

Porque o homem, esse pervertido, de dia quer uma menina para proteger e sustentar, mas de noite quer uma boneca para transar.

De noite você vai fazer rodar o carrossel do sexo onde ele vai cavalgar com você, inebriando-se sem jamais saciar-se, rasgando-se na carne e na alma até urrar de prazer e de desejo, até ser conduzido pela sua mão para se precipitar nas profundezas do êxtase, esquecendo tudo que durante o dia lhe trouxe cansaço, preocupação e angústia.

Você será a boneca com a qual ele sempre sonhou.
Ingênua e devassa.

A mulher que poucos homens podem se dar ao luxo de ter.

Só os homens ricos.

Os *muito* ricos.

Porque uma boneca é uma mulher que, além de tudo o que eu já disse, não sabe fazer mesmo absolutamente nada mais.[35]

O ciúme

O ciúme merece uma parte.

Como veremos melhor no capítulo dedicado a como se tornar perua, você não deve se importar com nada que o homem, que você decidiu se casar para ficar rica, venha a fazer.

É claro: se você ficar apaixonada, vai complicar tudo de tal maneira que você não conseguirá se casar.

E eu já lhe disse.

Se você quer ficar rica, não deve se apaixonar.

Rica e apaixonada só em contos de fada.

Cinderela é um conto de fada.

Como é sabido, depois do baile, Cinderela foi mandada de volta para ser a empregada das suas meio irmãs.

---

[35] A mulher-boneca foi representada magistralmente em 1955 no famoso romance de Vladimir Nabokov, no qual se inspirou o filme de Stanley Kubrik (1962) e de Adrian Lyne (1997). Ela se tornou, além de um mito literário e cinematográfico, um tipo psicológico. Fiel à minha tradição de propor um concurso aos meus leitores, proponho o seguinte: qual é o título comum ao romance e aos dois filmes citados? A vencedora (esse concurso, como o livro, é reservado às mulheres) terá direito a um cruzeiro de um dia no meu iate ancorado no Porto Antico, em Gênova.

A história original termina aí.
O acréscimo do sapatinho de vidro é póstumo.
Completamente falso.
Quem tem sapatinho de vidro?
Me desculpe.
O Príncipe Encantado também é uma fábula, naturalmente.

Onde é que vai haver um homem cheio de dinheiro e de sucesso que não tem nada para fazer além de tirar você para dançar?

Então partimos do pressuposto de que você não dá a mínima para o que faz o homem com quem você decidiu se casar para se tornar rica.

Assim sendo, o ciúme você nem sabe o que é.
Mas você tem que fingir que é ciumenta.
Por quê?
Mas é óbvio!
Porque ele tem que acreditar que você está apaixonada.
Por ele, naturalmente.
Se você quiser, pode se dar à liberdade de se apaixonar por um outro, até pelo jardineiro.

Mas ele deve acreditar que você está apaixonada por ele.
Porque o amor é "amor que nada recebe da amada e que sabe perdoá-la".*

Ninguém jamais conseguiu entender que diabo quer dizer este verso.

---

* *Amor, ch'a nullo amato amar perdona.* Verso do canto V (inferno) da *Divina Comédia*, de Dante Allighieri, referindo-se ao sentimento desconhecido dos humanos, um amor que mesmo não correspondido nada pede, sabe perdoar a pessoa amada e permanece até depois da morte. (N.T.)

Quer dizer o seguinte: se uma pessoa se sente amada, não tem alternativa senão corresponder ao sentimento.

Além disso, o Ego dele fica massageado com o pensamento de que você está apaixonada.

É uma lei psicológica.

Logo, você deve fingir que está com ciúme.

Mas não demasiadamente.

Somente palavras.

E de leve.

Dizendo, por exemplo: "Eu vi que aquela mulher estava encarando você. Fico pensando quantas mulheres estão atrás de você! É que você é um homem tão fascinante! Lembre-se de que você ama somente a mim! E eu estou perdidamente apaixonada por você para traí-lo."

"Verdade", ele responderá satisfeito.

É automático como cair a ficha.

Mas nunca faça uma cena, salvo no modo como veremos mais adiante.

Não lhe jogue na cara os números dos telefones que encontrar nos seus bolsos ou nos seus e-mails na internet.

Mas faça cópias.

Nunca o acompanhe nas viagens nem quando ele for visto entrando em hotéis da sua própria cidade.

Mas mande detetives particulares segui-lo e tirar fotografias.

O dinheiro que você gastar nessas operações é investimento mais seguro do que títulos do tesouro.

Nunca o repreenda pelas suas contradições ou pelas suas mensagens na secretária eletrônica.

Mas tome nota e grave as mensagens.

Nunca faça cena de ciúmes.

Mas anote todos os seus movimentos.

Você não deve agir como ciumenta a ponto de impedir suas escapadelas ou de fazer com que ele se sinta culpado por elas.

Aliás, se chegar a ponto dele passar na sua cara com outra e não der para fingir que não viu, perdoe sempre.

Terá o seu reconhecimento eterno.

Uma mulher que perdoa sistematicamente as escapadelas do marido jamais será abandonada.

Pois é evidente que o homem dá suas escapadelas.

Todos que dizem o contrário mentem.

Por ignorância ou por interesse.

No caso do homem, sem dúvida, é por interesse.

No caso da mulher, por ambos os motivos.

Porque, como eu já disse, o homem é instintivamente *polígamo*.

Como todos os mamíferos machos.

Como o cão, o gato, o coelho, o touro, o bode, o elefante, o rinoceronte e até mesmo um animal nobre e dedicado como o cavalo.

É um imperativo da natureza.

O macho deve se acasalar com o maior número possível de fêmeas para assegurar a continuação da espécie.

Já pensou por que um homem, durante sua vida, pode produzir bilhões de espermatozóides contra poucas centenas de óvulos por parte da mulher?

O homem é programado para ter muitas relações com diversas mulheres.

Mas para fazer isso não precisa estar envolvido afetivamente.

Mais uma vez, você pode imaginar um homem das cavernas que não se acasala se não está apaixonado?

A raça humana estaria extinta há milênios.

O homem deve poder fazer sexo sem implicações afetivas.

E é assim.

O ato sexual para os homens não tem nenhuma implicação afetiva.

para os homens o ato sexual não tem nenhuma implicação afetiva

Para os homens, as escapadelas não têm nenhuma importância.

O próprio termo *escapadela*, que foi inventado pelos homens, já diz tudo.

As mulheres inteligentes sabem disso e passam por cima.

No sul da Itália, que por estar mais perto da linha do equador se sabem mais coisas do sexo, existia um provérbio que dizia: "Pecado com calças, absolvição imediata".

Hoje não mais.

Sobre essa questão, hoje em dia muitas mulheres enfrentam dificuldades.

Poucas mulheres têm a capacidade de entender — e sobretudo de aceitar — que para o homem o sexo não tem nenhuma implicação afetiva.

Isso, vocês, mulheres, não conseguem entender nem engolir.

Para vocês é tão natural e automático a relação sexo-afeto que não conseguem sequer conceber a idéia da separação dessas duas funções.

Ao contrário, se um homem faz isso, vocês o consideram um imbecil e talvez um criminoso ou tarado.

Mas o homem é assim.

Dissociado.

o homem é dissociado

Para reclamações vocês devem passar antes no primeiro andar.

Vocês já viram alguém tentar trocar um aspirador de pó com defeito?

O problema é que para trocar de homem tem que mudar de gênero.

Para ter ao mesmo tempo sexo e afeto, você terá que ir inexoravelmente na direção do gênero feminino.

É como trocar um aspirador de pó por uma torradeira elétrica.

Você vai fazer belas torradas, mas não conseguirá aspirar o pó.

E depois tem outra coisa.

Vira e mexe, o homem sempre volta para você.

Ao contrário das mulheres, que quando se apaixonam por um outro homem não levam mais de cinco minutos para largar o marido e ir embora, os homens que se apaixonam por outra levam pelo menos uns dez anos antes de decidir deixar a família, e depois, se nesse tempo passou a paixão, terminam não fazendo nada.

A vestimenta

Acho que não preciso de muito esforço para convencer você de que a vestimenta, que não significa apenas a roupa, mas a maquiagem, o penteado, as jóias, os acessórios etc. etc., é fundamental na sedução.

Mas que vestimenta?

A sedutora por profissão ou vocação tem um instinto natural para se vestir de modo sedutor e, conseqüentemente, esse capítulo para elas pode parecer banal.

Mas não para as mulheres em geral.

Uma coisa deve ser clara.

A vestimenta sedutora não é aquela que as mulheres consideram *elegante*.

Sei muito bem, concordo com você, que elegância é discrição, sobriedade e refinamento.

A vestimenta sedutora *pode* ser elegante, mas não necessariamente.

A essência da vestimenta sedutora, de fato, não é a elegância, mas o erotismo.

O que significa que a alusão sexual deve estar bem presente.

E nem sempre a alusão sexual coincide com discrição, sobriedade e refinamento.

Um homem pode gostar o quanto quiser da sua elegância, mas nunca será seduzido por ela.

Ele ficará seduzido pelo seu belo decote e pelo seu cóccix aparente, o que para você pode não ser elegante, mas para ele é.

Se além disso você consegue fazê-lo elegantemente, com um vestido de grife, melhor para você.

Mas sempre com seus atributos postos em evidência.

O mesmo vale para a maquiagem.

Vocês mulheres gostam da maquiagem discreta, "que não se vê", mas os homens não gostam.

Os homens gostam da maquiagem evidente.

Gostam de uma sedutora refinada como vocês, mas sempre sedutoras.

Observem a maquiagem das atrizes que interpretam o papel das sedutoras no cinema.

Cílios longuíssimos, sombra pesada, *blush* à vontade e rímel.

Todavia, não se deve exagerar.

É uma fronteira sutil.

Mas sempre é melhor exagerar para a vulgaridade do que para a sobriedade.

Parece incrível, mas é assim mesmo.

Por mais horrível que possa lhe parecer, os homens, de fato, acham muito mais sedutora uma mulher vulgar com a minissaia bem apertada na bunda e o peito bem à mostra do que uma mulher classuda bem-vestida e sem nada à vista.

Nós, os homens, somos uns cretinos, mas fomos feitos assim.

É certo que uma mulher refinada e elegante sempre será refinada e elegante desde que se vista de modo sedutor, especialmente se o homem que ela quer seduzir é refinado e elegante (isso para nós sempre tem cheiro de boiola).

Mas você nunca se espantará demais ao descobrir como até os homens refinados e elegantes se deixam seduzir por mulheres vestidas de modo nem refinado nem elegante, mas *erótico*, de modo a ressaltar seus atributos sexuais.

Porque o que torna sedutor um vestido feminino para um homem não é ser refinado nem elegante, mas sua evidente *atração sexual*.

Para você são refinados e elegantes os vestidos que as atrizes declaradamente eróticas usam nos filmes?

Colantes, apertados na frente e atrás.

E por baixo do vestido, nada.

Certo: isso para um homem é o ideal.

Como já lhe disse, não existe nada mais excitante para um homem do que saber que a mulher não está usando roupas íntimas.

Se quiser dar uma estocada final em um homem, como o toureiro usa a espada na cabeça do touro exausto, confesse a ele seu segredinho ao final de uma refeição num restaurante onde ele tenha bebido muito.

Você vai ver que ele será possuído de uma necessidade imprevista e urgente de levá-la à casa dele para mostrar a você sua coleção de borboletas.

E nem discutirá a conta que o garçom apresentar.

Instinto Selvagem ensina.

É claro que não pretendo que você ande sempre sem calcinha.

Percebo que além de tudo você cuida da sua higiene e que contrair um *trichomonas vaginalis* não dá prazer a ninguém, muito menos a uma mulher.

Mas sua roupa íntima precisa estar à altura de sua vontade de seduzir.

Assim, melhor meias 7/8 e não meias-calças!

Para os homens do século XXI, a meia-calça equivale aos cintos de castidade que afligiam os homens do século XIII.

É certo que sempre existe alguém que se obstina a abri-la, mas é sempre um tarado ou um marinheiro bêbado.

Para um homem normal, a meia-calça tem o exato efeito de uma caixa de Valium: o exato oposto do Viagra.

Logo, fio-dental ou tanga e não calçola bege de algodão tipo freira (de algodão a calcinha, não a freira).

Logo, sutiã tomara-que-caia de renda preta e não sutiã para amamentar rosa-bebê.

As roupas íntimas de renda, sobretudo as pretas, são uma fixação nos homens que equivale nas mulheres italianas à de meias masculinas até o joelho.

Parece uma mania de depravados, mas tem uma explicação bem razoável.

De renda, pois o tecido transparente deixa entrever, e para um homem entrever é mais excitante do que ver.

Preta, pois o contraste ressalta com a pele branca.

Não há nada mais excitante para um homem do que aquele pedaço de pele branca entrevista em meio à calcinha e à meia-calça.

Naturalmente se você tem a pele branca.

Se sua pele é negra, você sem dúvida deve usar peças íntimas brancas (que a ressaltarão!).

O que vale é o contraste.

O fato é que uma coisa é certa: roupa íntima cor-de-rosa bebê ou bege (meu Deus!) é gol contra.

Sei que vocês mulheres acham bonito.

Para os homens corta o tesão.

Realmente, se a roupa de baixo deve ter a função de ressaltar a cor da pele, o bege, de todas as cores, é a menos indicada.

É como uma mulher negra vestir uma roupa de baixo preta ou uma mulher branca uma roupa de baixo branca: nenhum homem vai achar excitante.

A mania de vocês em favorecer esse mimetismo autodestrutivo é um outro mistério da natureza fascinante, mas complexo das mulheres.

Como essa mania das italianas de gostarem das nossas meias longas até o joelho.

É certo, eu compreendo, que você nem sempre tem vontade de ser sedutora e também gosta de andar em roupa de ginástica, meia-calça e calças jeans largonas.

São tão confortáveis!

Estou de acordo, não devemos nos identificar com o papel de sedutora o tempo todo.

Cada coisa ao seu tempo.

Como quando ele se veste com algo de que você não gosta.

A ele não importa nem um pouco que lhe digam que viram você vestida de freira.

Ao contrário, dá prazer a ele.

Mas uma coisa deve ficar bem clara.

Se você quiser seduzir um homem, deve assumir o papel de sedutora.

Ninguém vai à caça usando short e chinelo ou vai à pesca submarina usando roupa de esquiar.

E depois tem outra coisa.

A sedução não é um vestido de tecido.

É um vestido mental.

A vestimenta é apenas a parte visível da roupa mental.

A ponta do iceberg.

Por baixo tem uma montanha.

De fogo, não de gelo.

Para quem gosta de usar roupas íntimas de moletom, meias-calças e calças compridas largonas.

Mas nunca o deixe ver você vestida assim.

Nunca o deixe ver você de rolo no cabelo, máscara de creme, pijama de flanela ou com as pantufas da vovó.

Para ele você deve sempre ser sedutora.

Isso se você quiser seduzi-lo.

Se você não se importa, vista toda a flanela que quiser.

Mas saiba que ele percebe.

Se você se sente uma sedutora, se você se torna uma sedutora, a sua sedução terminará deixando de ser um papel durante um certo período de tempo e se transformará na sua própria natureza, sua personalidade própria.

Que é aquela das verdadeiras sedutoras.

Funcionando 24 horas por dia.

E então sua roupa de ginástica, seus moletons, suas calças compridas largonas serão de dar água na boca das testemunhas de Jeová.

Porque você as usará como sedutora e não como uma mulher que vai fazer compras ou caminhada.

Assim, até essas vestimentas em você se tornarão mais uma evidência de sua feminilidade, do seu *sex appeal*, da sua sedução.

Em outras palavras, de sua forma.

A sedução para você não será mais uma obrigação, um trabalho, algo cansativo.

Ser fascinante e sedutora será um prazer.

Será a sua natureza.

Porque não há nada no mundo que dê tanto prazer a uma mulher como perceber o prazer que dá aos homens, o fato de sentir-se admirada, o fato de sentir-se desejada por eles.

Em uma palavra, sentir-se *linda*.

E provocar a inveja de todas as outras mulheres.

Se é uma mulher.

Se é um homem transvertido de mulher, não dará a mínima.

Mas não poderá tornar-se linda e rica.

Somente perua.

Logo, quando você estiver com seu homem, saque suas armas.

E quando sair com ele, mostre todas elas.

Não pense que seu homem se envergonha ou ficará com ciúmes se você faz todo mundo perceber que é boa de cama.

A menos que você tenha se casado com um muçulmano.

Como se sabe, eles têm o costume de esconder em vez de exibir suas mulheres.

Os cristãos, ao contrário, sentem prazer em exibir sua mulher.

Talvez porque só tenham uma.

Os ricos, especialmente, gostam de exibir a mulher.

Que naturalmente é mais linda (sedutora) do que a dos outros.

Para despertar inveja.

Especialmente aos mortos de fome.

Que têm as mulheres com um letreiro na cara: "Caseira e mãe de família. Sexo só aos domingos. Um domingo sim e outro não. Quando dá vontade".

Como se tornar *Rica*

Dissemos que para se tornar rica você deve se casar com um homem rico e tirar dele todo o dinheiro que puder.

Na verdade, trata-se de um verdadeiro *projeto*.

Veja-o assim: um plano de negócios igual àqueles de tantas empresas.

Com a diferença de que, no seu caso, se trata de uma empresa *individual*.

Legalmente se chama: firma individual.

O projeto pode ser dividido em três fases: 1 — encontrar o frango; 2 — colocá-lo no forno (fazer com que ele se case com você); 3 — depená-lo.

O processo é contrário a todas as regras culinárias, mas o que que eu posso fazer?

As coisas não são assim?

Encontrar o frango

Na sua opinião, se alguém quer encontrar um frango, aonde deve ir?
Num parque de diversões?
Não.
Num galinheiro, naturalmente.
Os galinheiros se chamam Monte Carlo, Portofino, Paris, Nova York.
Agora também Cingapura, Hong Kong, Cantão.[1]
E dentro desses galinheiros existem pequenas gaiolas de franguinhos abarrotados de dinheiro.
Locais de grandes grifes da moda.
Grandes hotéis.
Restaurantes de luxo.
É claro que isso demanda um mínimo de investimento.
Mas quem algum dia ganhou uma fortuna sem um mínimo de investimento?
Quem algum dia ganhou no pôquer sem fazer uma aposta arriscada?

---

[1] Cantão, a 150 quilômetros de Hong Kong, 13 milhões de habitantes, em expansão explosiva (39 arranha-céus novos por ano), é a sede da maior feira chinesa de exportação e é freqüentada somente por chineses riquíssimos (todos jovens, que são loucos pelas ocidentais), mas também por riquíssimos importadores ocidentais de todos os países do mundo. É um galinheiro muito suculento e apetitoso. O ponto de referência para todos é o China Hotel (diária mais barata: 300 dólares). Não vale a pena, se não fosse pelo café-da-manhã, que pode alimentar você para o dia inteiro. Não precisa falar chinês. Basta o inglês.

Você deve munir-se de três coisas: da libido, de uma soma pequena inicial e de conhecimento da língua internacional, o inglês.

REQUISITOS INICIAIS
libido
uma pequena soma
o inglês

Quanto à libido, se você não tiver, pode também inventá-la.

Ou pelo menos fingir.

Quanto à soma inicial, comece logo a economizar.

Quanto ao inglês, matricule-se num daqueles cursos de imersão, com horários variados disponíveis durante todo o dia.

Se você não tiver condições e tem uma vontade de ferro, pode aprender o inglês gastando muito pouco: compre um curso em vídeo e aprenda em casa.

Mas precisa de constância e muita força de vontade.

Por outro lado, se você não tem nem muito tempo livre nem uma baita força de vontade, é difícil que consiga se tornar rica.

Existiria um sistema que na minha opinião é melhor.

Você pode ir para Londres e trabalhar de doméstica ou *baby-sitter* por um ano.

As crianças são ideais para aprender uma língua.

Ou, se você é muito bonita e tem vocação, trabalhe como *dançarina* numa boate, o que é até melhor.

Assim talvez desenvolva uma experiência sexual que lhe será muito útil.

Você não disse que queria se tornar linda, rica e perua?

Uma mulher que quer se tornar linda, rica e perua é uma *aventureira*.

Mas, sobretudo, lembre-se: se você quer realmente aprender o inglês, não lide com gente que não fala inglês!

Assim, seu projeto deve ser planejado com antecedência.

Concentre-se em adquirir esses requisitos iniciais.

E quando estiver pronta vá à luta.

Inicialmente comece em nível local e recorra ao truque do bote leva-e-traz.

O bote, que passeia entre os iates de luxo, é um homem rico para passear com ele no galinheiro, mas não bastante rico para ser um frango digno de levar ao forno.

É o momento em que você descobre que o mundo está cheio de botes.

Você pode pular de um para outro.

Cada vez maior.

Até que um dia você termina num transatlântico.

É certo que o uso do bote requer o pagamento de um bilhete.

Mas você não vai pretender transitar de bote, de iate em iate de luxo, sem pagar passagem.

Não entenda mal o significado do bilhete que você paga.

Você não é uma prostituta.

As prostitutas, como todos os trabalhadores, permanecem pobres.

Você é uma mulher ambiciosa que quer ficar rica.

Para isso, você está se especializando na arte da sedução e na *ars amandi*.

E você está gastando paixão, criatividade, prazer.

Assim, goze a vida.

Lembre-se.

O caminho é tão divertido quanto a linha de chegada.

Muitas vezes até mais.

Colocar no forno

Este é o trabalho mais difícil: fazer com que ele se case com você.

É verdade que os homens são uns panacas.

Mas não os ricos.

O que pode convencer um homem rico que passou a perna em todo mundo, que já viu de tudo, um que não se deixaria embrulhar nem pelo seu próprio confessor na hora da morte, a se deixar lambuzar de manteiga como um frango e entrar no forno?

Evidentemente nada que se possa explicar de modo racional.

Só tem um jeito de empulhá-lo, iludi-lo.

Fazê-lo enlouquecer.

Por você, naturalmente.

Como, eu já lhe disse.

Com a sedução.

Com o *sexo*

Como você acha que as aventureiras que vêm de outros países seduzem os homens de todo o mundo e se casam com eles, embora nem sempre com os ricos (nem todas são tão espertas), e se dão bem?

Com o sexo, é claro.

Em oitenta de cada cem casos o sexo é suficiente.

Se ainda por cima você encontra um espertalhão que já passou na cara todas as *dançarinas* da Comunidade Européia e está se preparando para levar para a cama todas as do Leste europeu, então o sexo deve ser acompanhado de uma coisa que poucas *dançarinas* conseguem fingir por muito tempo. Um caráter maravilhoso.

Obviamente, a diferença entre você e as piranhas é que você consegue.

O que deseja um homem de uma mulher?

Sexo e alegria.

E você vai lhe dar ambos.

São o seu dote.

seu dote deve ser:
sexo e alegria

Esteja sempre alegre.

Mesmo se estiver carregando a morte no coração.

Para se tornar rica, linda e perua é necessário se tornar uma perua até com você mesma.

Se você é capaz de ser *sempre* libidinosa, alegre, animada, alto-astral, divertida, otimista e cheia de vida, você se casa, mesmo que ele já tenha transado com todas as garotas do hemisfério boreal.

Onde mais ele vai encontrar uma outra mulher assim?

Por outro lado, não se exige que você o seja por toda a vida.

Bastam três meses.

Às vezes só um mês.

O tempo dele se apaixonar e se casar com você.

Depois a música muda.

Você pode voltar a ser você mesma.

Até uma bruxa, se quiser.

Mas atenção: nada de filhos.

No seu caso, não se trata de um casamento.

É uma operação financeira.

Deve culminar com um belo divórcio e você deve sair com uma bolada no bolso, não com um molecote nos braços.

As crianças complicam a situação.

Sim, é verdade, no final você pode se derreter com o filhote, mas não pense que sai ganhando.

Em primeiro lugar, você terá dificuldade de repetir a operação.

Dificilmente os homens saem atrás de uma mulher com filhos.

Porque sabem que uma mulher com filhos é uma mãe, não uma mulher.

Essa história de se tornar mãe e deixar de ser mulher é o drama das mulheres.

Já vi mulheres se arruinarem por isso.

No final terão perdido o marido e os filhos, e não saberão o que fazer da própria vida.

Não se deve identificar com um papel, por mais importante que seja.

Temos a nossa personalidade.

Todos devemos vivê-la.

Quanto mais personalidades vivermos, mais rica é a nossa vida.

Se você agir como mãe toda a vida, vai acabar se tornando uma glândula mamária com pernas.

Duas pernas de inseto por casal.

Muito aleitamento e pouco sexo.

Os homens sabem disso.

Se você escapar com o filhote, ele dará tudo ao filhote e nada a você.

Terá uma desculpa pessoal para não dar nada a você.

Se for preciso soltar alguma coisa, será para o filhote, não para você.

Se, ao contrário, você estiver só, não terá desculpa.

Terá que soltar para você.

E assim você agarra todo o pacote.

Há uma outra coisa que você deve lembrar.

Não se envergonhe da sua pobreza.

Faça dela a sua bandeira.

Não se comporte como mendiga e não demonstre ganância, mas faça da pobreza a sua dignidade.

Não exija presentes, serviços de luxo ou ambientes faustosos.

Agradeça o que lhe derem e demonstre imediatamente o seu reconhecimento com uma prestação sexual de dar infarto (que deve ser imediata ou a conexão se interrompe).

Nunca exija.

Dê gritos de espanto maravilhada, "Oooohhh", e até de contentamento, "Oooohhh"... "Oooohhh"...!!!, diante de suítes, de champanhes (eu disse champanhe!) e sobretudo de jóias (mesmo se falsas).

Aceite com prazer tudo de simples que ele lhe oferece.

Sobretudo no início, ele lhe oferecerá sempre alguma coisa simples.

Ele não quer se mostrar demasiadamente.

Mas você deve demonstrar a ele que está acima do dinheiro e que está completamente desinteressada.

Que você somente se interessa por ele, pelo sexo, pela alegria de viver.

Fazer com que ele veja que você é uma força da natureza.

Que sabe desfrutar da vida.

Seja sempre alegre, sempre para cima, sempre apaixonada.

Naturalmente que você deve saber fingir.

Quando você estiver por baixo, encontre uma desculpa para que ele não a veja.

Aliás, de vez em quando, arranje um jeito de nem ser vista nem ser encontrada por alguns dias, mesmo quando você estiver numa ótima.

É assim que você fará com que ele enlouqueça.

E você deve fazê-lo enlouquecer.

Somente assim vai fazer com que ele se case.

Somente quando ele se convencer de que encontrou seu par ideal é que se casará com você.

E você deve descobrir como é o par ideal dele.

Pode ser uma mulher libidinosa mas classuda, extrovertida mas de sólidos princípios, audaz mas parcimoniosa, decidida mas reservada etc., etc., etc.

Você tem que descobrir.

Uma vez descoberto, deve fazer com que ele acredite que você é exatamente como ele quer que seja.

Que você é o ideal dele.

E com uma sexualidade de causar infarto.

Então ele ficará convencido de ter encontrado a mulher da vida dele.

E se casará com você.

Entrará no forno com o sorriso típico dos frangos que estão prontos para serem assados.

Um sorriso idiota.

Mas feliz.

Há mulheres que, embora fazendo todos os esforços, não conseguem se casar.

Geralmente são aquelas que se gabam dizendo que se quisessem teriam se casado cem vezes.

Aquelas que dizem que tiveram batalhões de homens aos seus pés, prontos a darem a vida por elas.

Se você pertence a essa categoria horrível, não se decepcione.

Para você, Papai do Céu encontrou uma escapatória: o noivado.

Não é rentável como o casamento, mas dá para tirar alguma coisa.

Especialmente se seguir os conselhos do próximo tópico. Espionagem, furto, chantagem.

Não se trata de possibilidades exclusivas das mulheres casadas.

As noivas podem também usar a seu bel-prazer.

A vida é linda, não?

Depená-lo

Casar com um homem rico é, como dizem os matemáticos, uma parcela, mas não a suficiente para ficar rica.
Na verdade, os ricos não são trouxas.
Ao contrário, geralmente são espertíssimos.
Para ganhar dinheiro é preciso forçosamente sê-lo.
A menos que sejam filhinhos de papai rico que herdaram uma fortuna e nunca ganharam um centavo com suas próprias mãos.
Mas esses são raros.
Em geral, quando você os encontra, já foram depenados.
Os que ganharam dinheiro sozinhos são tubarões.
E laçar um tubarão não é fácil.
Eles são muito cautelosos.
Normalmente, quando casam, o fazem com separação de bens.
Justamente, não têm confiança.
Se não têm confiança em ninguém, imagine nas mulheres, que são notoriamente mais inteligentes do que os homens.
Mas não se desespere.
Até um tubarão pode ser fisgado.
Talvez não por um outro tubarão, mas por uma carpa.
É um clássico, a propósito.
O homem rico e esperto que não se deixa enredar pela linda (e aparentemente idiota) de plantão.
Já aconteceu um monte de vezes.
E pode acontecer de novo.

O problema é: o que fazer de modo que aconteça *com você*?

A primeira coisa a fazer é convencê-lo do contrário do que você é: *desinteressada*.

Sendo ele um interesseiro (senão, como ganhou tanto dinheiro?), estará convencido de que todos são iguais a ele.

E você vai demonstrar que é uma mulher completamente desinteressada.

Que não dá a mínima para o dinheiro.

Que você se interessa somente por ele.

Pela sua esperteza.

Também pela sua cultura, sua inteligência, sua sagacidade, sua generosidade, seu altruísmo, seu *savoir-faire*, sua *beleza*.

Quanto mais qualidades faltarem a ele, mais você deve exaltá-las.

Ele sabe muito bem que é esperto sem que você precise lhe dizer.

Mas não está completamente convencido de ser culto, inteligente, sagaz, generoso, altruísta, agradável e até mesmo bonito.

Mas gostaria de sê-lo.

Pelo simples motivo que não é.

E você diz que é.

Sobretudo generoso.

Convencê-lo de que é generoso é fundamental.

Sobretudo com você.

E depois que é bonito.

Vocês, mulheres, não sabem como nós gostamos de ouvir que somos bonitos.

Exatamente como vocês, mulheres, gostam de ouvir dizer que são inteligentes.

Você não deve se zangar.

Porque você é inteligente.

O fato de que você comprou este livro demonstra isso.

Para convencê-lo de que você não é interesseira, não use palavras.

Não confesse.

Isso o deixaria desconfiado.

Demonstre-lhe com os fatos.

Insista em ter contas separadas.

Pague sempre e se mexa para pagar todas as contas, especialmente as pequenas.

Mas também as grandes.

Algumas vezes você deve se oferecer até para pagar as contas dele em ocasiões especiais.

De qualquer modo, ele nunca deixará você pagar.

Mas você sempre se coça.

Diga que quer ser independente, que não está com ele por causa de umas continhas, mas para desfrutar da sua companhia.

Porque você é uma dama.

Você é uma mulher habituada a desprezar e ignorar o dinheiro.

De ser indiferente ao fato de ter milhões ou de não ter um centavo.

Infelizmente você está mais enquadrada na segunda do que na primeira hipótese.

Mas este é o seu destino.

Uma dama de verdade, mas sem sorte.

O que não diminui a sua alegria de viver, o seu contentamento, o seu entusiasmo, o seu bom humor, a sua sagacidade, a sua *libido*.

Essas são as qualidades que o fascinam.

Juntamente com o seu infortúnio.

Pois um homem rico, por mais espertalhão que seja, acha justamente que tem muita sorte.

E que não deixa de perdoar os que não têm sorte, mesmo que não faça nada para ajudá-los.

Não ajuda ninguém, mas tem compaixão.

No pior dos sentidos.

Para você, no entanto, pode abrir uma exceção.

A sua aflição pode comovê-lo.

A sua falta de sorte, a sua singeleza material podem fazê-lo ter um fiapo de culpa pelo fato de ter sorte e ser rico, e pode ser que ele sinta a necessidade de reparar o erro, fazendo com que você participe daquela riqueza de que ele desfruta indevidamente (como ele bem sabe no fundo do inconsciente).

Desde que você exiba uma segunda qualidade absolutamente indispensável depois do seu desprendimento material: ser *completamente idiota*.

Ser completamente idiota é o requisito essencial para obter doações, legados e usufrutos.

Obviamente você deve somente parecer.

Se for realmente idiota, você está frita.

Você deve interpretar o papel de idiota.

É a chave que abre a caixa-forte.

O frangote terá confiança.

E se sentirá muito mais esperto do que você.

Pensará que poderá iludi-la a qualquer momento.

Por mais esperto que seja, vai acabar acreditando.
E nesse ponto ele é quem será iludido.
Vai botar no seu nome apartamentos, casas e iates.
Se você fez com que ele acreditasse que é bastante desinteressada e idiota, vai até transferir para você ações e contas no exterior, convencido de que assim passará a perna no fisco e nos credores.
De qualquer modo, ele pensará, ela é "uma idiota mesmo".
E fica tudo em família.
É certo, vai levar tempo para que tudo isso se realize.
Nenhuma raposa é capturada na primeira hora de caça.
A coisa fundamental é que você deve convencê-lo de que é *desinteressada* e *idiota*.

para depenar o frango
você deve convencê-lo de que é
desinteressada e idiota

Não é fácil.
Especialmente se você não é.
E você, obviamente, *não deve ser*.
Mas é a sua vida que está em jogo e logicamente você tem que se empenhar completamente em fingir ser desinteressada e idiota.
Uma vez que ele colocou bens no seu nome, parta para o ataque.
Aliás, faça isso muito antes.
Recolha as provas das fraudes fiscais e dos negócios ilícitos dele (que um rico faz sempre: de outro modo, como ficaria rico?).

Deixe ele dar todas as escapadelas que quiser.

Mas recolha sistematicamente provas das escapadelas.

Contrate, se for o caso, um detetive particular.

Lembre-se de que nesse jogo pela vida é você quem mexe os pauzinhos.

É fundamental que você mande tirar umas fotos dele nos braços de outra mulher qualquer.

Se ele não tem, arranje uma.

Mas não diretamente de modo que possa vir a comprometê-la.

Gabar-se com outras mulheres de que você tem um marido muito rico e generoso, mas mulherengo, é uma boa pedida.

Especialmente com alguma com o mesmo projeto, embora menos esperta do que você. Sempre se encontra (nunca com um homem casado, que não vai deixar nada).

Se ela é mais pobre do que você, é até melhor, pois se já é um desperdício trair você com uma mulher do seu nível é imperdoável com uma mulher que vale menos do que você (o valor econômico é sempre trocado pelo valor social).

Em muitos países a traição sexual não é mais um crime, mas sempre é um bom motivo para ressarcimento e sobretudo uma excelente arma de chantagem.

Porque dificilmente o frangote chegará a um processo judicial.

Se ele quiser evitar um escândalo, será obrigado a aceitar as condições impostas por você.

Manchará a reputação dele.

Os frangotes ricos dão muita importância à sua reputação.

Mas antes, quando tiver as provas na mão, você deve procurar um advogado e se aconselhar com ele, interpretando a parte da vítima.

Todos, inclusive o seu próprio advogado, devem acreditar que você é a vítima.

Contrate o melhor advogado especializado em direito de família, sem medir despesas.

Porque o divórcio está se dando por culpa dele, e esse é o objetivo.

*o seu objetivo é o divórcio
por culpa dele*

Não tanto pela traição sexual (que não é mais considerado motivo de divórcio) quanto pelos danos morais à sua dignidade e serenidade.

Especialmente no caso de uma mulher fascinante e apaixonada como você.

Os advogados das mulheres são especialmente brilhantes nisso.

A solidariedade do sexo, a esperteza feminina e o veneno produzem uma mistura particularmente mortífera há milênios.

Naturalmente que não se trata somente da traição.

Ela é apenas a culminância de toda uma série de maus-tratos psicológicos que você suportou por muito tempo.

De vez em quando você confidenciou com os empregados domésticos e com os amigos comuns sobre os seus sofrimentos por causa das ausências freqüentes e injustificadas, da dedicação excessiva ao trabalho, pela sua indiferença, pelas desculpas esfarrapadas, dos movimentos suspeitos dele.

Você sofreu em silêncio porque o amava, e o pensamento de perdê-lo a lançava no mais profundo abismo.

É assim que se constrói uma imagem da vítima perfeita.

E todos terão compaixão por você e servirão de testemunhas voluntárias e sinceras.

Mesmo se forem amigos dele.

São amigos dele.

Porque terão a esperança secreta de transar com você, uma vez que você esteja livre dele.

O que pode ser uma boa idéia.

Provavelmente cortejaram você discreta, mas insistentemente, o que você graciosa, porém sistematicamente, recusou, testemunhando com isso a sua inabalável fidelidade.

O seu ressarcimento pelo que sofreu será assim a coisa mais natural para todos.

O seu pedido será proporcional à sua riqueza.

Metade do seu patrimônio é um limite razoável.

Assim você sai de cabeça erguida e com uma bela soma.

É certo que será uma dura batalha.

Exigirá sacrifícios.

Mas o que é um pouco de sacrifício diante de uma vida de riqueza e liberdade absoluta?

Até mesmo a de se casar com todos os mortos de fome do mundo.

Somente duas coisas são indispensáveis: esperteza e capacidade de fingimento.

duas coisas são indispensáveis:
esperteza e capacidade de fingimento

Você tem esses dois dotes somente pelo fato de ser mulher.

Você os herdou de suas bisavós, que os construíram com milhares de anos passando por violência e abusos.

Mas para você é necessário mais um passo com relação as outras mulheres.

Você tem que ser perua.

Mas disso trataremos no próximo capítulo.

Como se tornar *Perua*

O que é ser uma perua?

Que fique claro uma coisa: o melhor modo de se tornar perua é levar tantos pontapés na bunda até ter vontade de ser uma.

Se você já passou fome, melhor ainda.

Quem tem fome corre, quem está com a barriga cheia fica sentado digerindo.

As aventureiras vêm dos países onde se passa fome.

Todas as aventureiras têm origem humilde.

As condessas e as filhas de família rica não são aventureiras.

Não precisam.

É preciso levar uns bons pés na bunda para se tornar aventureira.

É certo que não se pode pretender que alguém saia por aí mostrando a bunda e peça aos outros que lhe dêem pontapés.

Se alguém levou uns bem dados, é porque lhe deram sem pedir permissão, o que é melhor.

Se, ao contrário, os outros tiveram o cuidado de não lhe dar pontapés, fica mais difícil.

Mas com um pouco de boa vontade até uma mulher que não levou bordoadas na bunda e nunca passou fome pode ser perua.[1]

O problema é entender o que significa ser perua.

E que coisa quer dizer perua?

Quer dizer aplicar-se à solução da própria felicidade e não ao problema da felicidade dos outros.

Parece reprovável para você?

Se você pensar um pouco a respeito, nem tanto.

Se cada um de nós se dedicasse à solução do problema da sua própria felicidade, seríamos todos felizes.

Mas muitos entregam aos outros o problema da própria felicidade e acham que os outros devem resolvê-lo.

Porque, por mais incrível que possa parecer, a nossa felicidade não depende dos outros, mas de nós mesmos.

Se você está bem consigo mesma, porque tem auto-estima e amor-próprio, você será feliz em qualquer situação e irá gostar de qualquer coisa.

---

[1] Não é verdade, mas se não digo isso deixo de fora um monte de meninas que se deram bem e isso não é justo. Mas, por outro lado, se já estão bem de vida, por que querem se tornar lindas, ricas e peruas?

Porque você é a sua melhor amiga e está sempre em sua companhia e então nunca está só.

Mas se você não tem auto-estima, não se ama e sempre precisa de alguém ou de qualquer coisa fora de si que lhe dê aquela força, aquele amor e, conseqüentemente, aquela segurança que você própria não desenvolveu, então não somente ficará sempre à procura de alguém ou de alguma coisa que lhe dê tudo isso, como será sempre infeliz, pois jamais encontrará esse alguém ou alguma coisa.

Nada e ninguém poderá dar a você aquela estima e aquele amor-próprio se você mesma não os tem.

Porque a estima e o amor-próprio são *seus* sentimentos.

Sentimentos que você tem *dentro de você mesma*.

E que ninguém pode lhe dar.

Os outros podem lhe dar somente uma ajuda inicial.

Podem acionar o motor de arranque para dar partida ao motor.

Mas é você quem pisa no acelerador e aumenta o giro do motor.

É você quem engata as marchas.

É você quem imprime velocidade e guia o automóvel de sua personalidade na estrada da vida.

É você quem constrói a sua auto-estima e seu amor-próprio dentro de você mesma.

Na infância, seus pais deviam ser quem acionavam o tal motor de arranque.

O amor deles equivale para você a sua estima.

No reconhecimento do seu valor e da sua legitimidade em ocupar um lugar neste mundo.

É como dizer: você é digna de viver e o **mundo** está contente de tê-la.

A estima deles põe em andamento a sua auto-estima.

Por isso, é importante dar amor e, portanto, estima aos próprios filhos, mais do que brinquedos e comidinhas.

Também é importante ensinar aos próprios filhos como enfrentar as dificuldades, em vez de evitá-las e deixar que outros as resolvam.

Porque aprendendo a enfrentá-las e resolvê-las é que se adquire a estima por si próprio.

Pois o fato de lhe possibilitar condições de construir aquela estima e aquele amor por si próprio será a base da felicidade dele.

Pode ser que seus pais não o tenham feito.

Que não acionaram o seu motor de arranque.

Mas se não o fizeram foi porque não possuíam a chave.

Porque o motor de arranque deles não havia sido acionado pelos próprios pais e assim a chave não lhes foi entregue.

Os pais não são maldosos.

Talvez sejam idiotas, mas não maldosos.

E então você mesma pode dar partida no seu motor de arranque.

Acumulando vitórias.

Para poder dizer a si mesma: "Viu? Consegui fazer. Sou realmente corajosa."

As vitórias não são os grandes sucessos.

Não são a linha de chegada dos vencedores.
Não são a coroa de louro, nem o aplauso do público.
Não são o degrau mais alto do pódio.
São as vitórias que você consegue diariamente contra a solidão, contra a pobreza, contra a fome, contra o cansaço, contra as derrotas, contra as desilusões, contra as injúrias, contra o desprezo, contra o sofrimento.
São a sua resistência contra as dificuldades.
São a sua coragem de enfrentá-las.

Se és capaz de forçar coração, nervos, músculos, tudo
A dar seja o que for que neles ainda existe,
E a persistir assim quando, exaustos, contudo
Resta a vontade em ti que ainda ordena: "Persiste!";
E se és capaz de dar, segundo por segundo,
Ao mínimo fatal todo o valor e brilho,
Tua é a terra com tudo o que existe no mundo
E o que mais — tu serás uma mulher, minha filha! [2]

Rudyard Kipling

A *experiência* da *sua* capacidade de enfrentar *sozinha* as dificuldades é a matéria-prima com a qual você constrói auto-estima e amor-próprio por você mesma, o motor de arranque que dá partida ao seu automóvel na estrada da vida e te leva à linha de chegada.

---
[2] Kipling escreveu no masculino somente porque era homem. Um limite humano. (Tradução brasileira de Guilherme de Almeida.) (N. T.)

Porque só a sua experiência pode demonstrar se você é capaz de enfrentar qualquer dificuldade *sozinha*, sem a ajuda de ninguém.

Somente assim você pode conquistar a sua *segurança*.

Você precisa demonstrar a si própria que tem a capacidade de enfrentar, sem a ajuda de ninguém, as dificuldades.

Que é independente.

Que é autônoma.

Que é auto-suficiente.

Somente assim você pode ter a capacidade de resolver o problema da sua própria felicidade.

Deixando de ser uma menina e tornando-se uma *mulher*.

A auto-estima e o amor-próprio são, de fato, características da *mulher adulta*.

Porque ser perua coincide com ser *adulta*.

Se não se tornar adulta e tentar se casar com um homem rico (ou mesmo com qualquer homem), você vai acabar como a Mary de Minneapolis, cuja história eu já contei.

As três personalidades

Temos potencialmente, dentro de nós, três personalidades: a *criança*, o *adulto* e o *pai*.[3]

---

[3] Para aprofundar as nossas personalidades naturais e a nossa evolução psicológica, ver meu livro, *Alla ricerca delle coccole perdute*.

A criança se caracteriza pela incapacidade de sobreviver sozinha porque não sabe enfrentar as dificuldades e as responsabilidades cotidianas.

Conseqüentemente lhe faltam a auto-estima e o amor-próprio.

A segurança em si mesma.

Logo, é caracterizada pela incapacidade de resolver o problema da sua felicidade, que então pede sempre aos outros.

É o bebê que não sabe conseguir a comida sozinho e está sempre com a boca escancarada esperando que alguém o alimente.

De fato, a criança pede sempre.

Aliás, espera.

Dos outros.

O adulto nunca pede.

As mensagens publicitárias costumam dizer: "Um adulto não deve pedir nunca".

Nem uma mulher.

O adulto toma posse.

Toma posse do que quer sem pedir permissão.

A mulher adulta é a que aprendeu a se manter sozinha.

A enfrentar as dificuldades sozinha.

A conseguir se alimentar sozinha.

É uma caçadora.

Uma predadora.

Uma perua.

Esta última é a definição que lhe dão as crianças.

Para elas, se uma mulher não lhes troca as fraldas e não lhes prepara a mamadeira, é uma perua.

Têm sempre necessidade de uma mãe.

Mas mãe ou pai você poderá ser depois, quando se resolver economicamente.

Quando você ficar rica.

É certo, ser pai é a personalidade que todos almejamos.

É a personalidade que coroa a nossa evolução psicológica natural e que coincide com a moral social.

O amor.

Mas somente os pais sabem amar.

O pai é alguém que aprendeu tão bem a conseguir o alimento, e o conseguiu em abundância, que tem a possibilidade de consegui-lo para os outros.

É alguém capaz de *se dedicar aos outros*.

Capaz de amar.

Logo, quando você for rica, poderá ser mãe .

Agora precisa ser uma mulher adulta.

A perua.

Como se tornar perua?

O problema assim se apresenta: como se tornar adulta?

Isto é, perua.

Só há um modo de se tornar adulta e perua.

Sair de casa, deixar os pais, manter-se e viver sozinha.

Sozinha quer dizer: sem amigos, sem noivo, sem ninguém.

Sozinha como um vira-lata.

A propósito de canino: num mato sem cachorro.

E sem gato.

Nem ao menos um peixinho dourado.
Uma adulta não precisa.
Ela vive sozinha.
Você tem medo?
Certo, você tem medo.
Mas é um medo que você precisa superar.
Como o medo do escuro.
Você não pode passar toda a vida com medo do escuro.
Como não pode passar toda a vida com medo da solidão.
São medos *infantis*.
Você não pode ser criança toda a vida.
Por que não?
Porque as crianças estão destinadas a sofrer.
A sofrer por toda a vida.
E sofrer por toda a vida não me parece uma boa idéia.
Logo, você deve aprender a ser *só*.
E a se manter, mesmo tendo que trabalhar como faxineira.
Só assim, passando pela experiência da *solidão* e da *autosuficiência*, você se tornará adulta e perua.
É claro que a solidão não deve durar a vida toda
A experiência da solidão, uma vez realizada ate o fim, uma vez que se tornou amiga em vez de inimiga, torna-se um prazer em vez de um terror, podendo muito bem ser intercalada com amizades, com relacionamentos mais ou menos profundos e relações sociais.
Até mesmo com uma maior convivência.

Mas sempre com o seu espaço, com a sua independência, com a sua *liberdade*.

Que será o bem mais precioso para você.

Você saberá até renunciar provisoriamente a um objetivo importante, como o projeto de enriquecimento a que você se propôs, mas a renúncia é provisória, propiciará uma liberdade ainda maior.

Quando você tiver passado pela experiência da solidão, da pobreza, da fome, do cansaço, da derrota, da desilusão, da injúria, do desprezo, do sofrimento e conseguir suportá-la e vencê-la, então e somente então você estará realmente forte e pronta para realizar o seu projeto.

De conquistar o mundo.

A auto-imagem

Como no caso da sedutora, para se tornar perua também é preciso criar para si, em nível de inconsciente, uma *auto-imagem* adequada.

E, como no caso da sedutora, você pode *construir* a sua auto-imagem.

De perua, naturalmente.

O procedimento é o mesmo.

A *repetição* de uma *imagem* ou de um *modelo conceitual* ao qual você quer se associar.

Assim, você deve procurar um *modelo*.

Também dessa vez o cinema é um grande auxílio.

De novo desta vez, Sharon Stone, em *Instinto Selvagem*, é um bom modelo.

Também desta vez é necessária a utilização de um *mantra*

EU SOU	inspira
UMA PERUA	expira

Eis aí o seu mantra.
Bonito, não?

Piedade zero

Quando a sua fome for tanta a ponto de você ser capaz de comer qualquer coisa e os seus dentes serem tão fortes e pontiagudos a ponto de poder morder e mastigar qualquer coisa, a sua piedade por um homem rico — que perde a cabeça por você e está disposto a dar um pouco da sua riqueza em troca do seu corpo, mais ainda do que da sua alma — não somente não existirá, como não fará mais nenhum sentido.

Porque você, que sofreu tanto, que pagou tanto, que foi tão violentada e rejeitada pela vida, agora tem o direito de gozar a sua vingança, de agarrar qualquer felicidade que a vida lhe negou até então.

Da felicidade dele, minha cara, você pode tranqüilamente se desinteressar.

Primeiro porque ele já pensou bastante (compensando os que pouco pensaram).

E já tomou todas as providências.

Sua riqueza é o resultado e a prova.

Segundo, porque você já faz parte, de qualquer modo, da *sua* realização da felicidade.

De fato, sua entrada na vida dele, mesmo que seja com o objetivo de construir a *sua* felicidade, é também para ele um ganho DE felicidade.

E o sofrimento que ele poderá eventualmente experimentar quando você o deixar, diminuindo um pouco a sua riqueza, não será causado por você, mas por ele mesmo.

Porque existe uma lei psicológica inexorável: *ninguém pode fazer ninguém sofrer*.[4]

Cada um é rigorosamente a causa de seu próprio sofrimento.

Atribuí-lo a outrem é mais uma vez agir como a criança que não quer enfrentar a sua própria responsabilidade.

De fato, um homem rico abandonado por uma mulher que lhe deu momentos sublimes e depois se afastou com um pouco da sua riqueza pode ter duas reações opostas.

Desesperar-se e fazer o diabo a quatro.

Mas esse é um comportamento infantil, e dificilmente um tubarão, que construiu sua riqueza com esperteza e habilidade, agiria desse modo.

Se faz, não merece o que tem.

Porque de qualquer modo é ele mesmo, como se fosse uma criança, a causa do seu sofrimento.

Assim, piedade zero.

---

[4] Ver *Alla ricerca delle coccole perdute*.

Ou talvez receba bem o golpe e intimamente se alegre pelo prazer desfrutado e cumprimente você pela esperteza demonstrada.

Logo, piedade zero.

Não é preciso.

No fundo, golpes desse tipo ele deu sempre para construir sua riqueza.

Nos homens.

Ou talvez com elas.

E no fundo, em resumo, a riqueza serve para isso.

Para se permitir mulheres belíssimas.

Belíssimas do ponto de vista de um homem.

Sedutoras.

Como você.

E você para ele permanecerá belíssima.

Porque até a sua esperteza, embora descoberta em um segundo momento, será para ele um outro elemento do seu fascínio.

Ele não falará mal de você.

Pelo menos para não passar por um idiota.

Se não é um idiota, como caiu na emboscada?

Ao contrário, exaltará o seu fascínio e a sua esperteza.

Quanto mais ele disser que você é uma mulher irresistível, mais ele fará uma boa figura.

Pois só uma mulher fascinante como você poderia encantá-lo.

E somente uma mulher esperta como você poderia lhe passar a perna.

Como se Tornar Linda, Rica e Perua

E assim sair numa boa.
Admirada por todos.
Linda, rica e perua.
E você poderá, se quiser, recomeçar o jogo.
Você poderá jogar mais uma mão no pôquer da vida.
Há mulheres que o fizeram mais de uma vez.
Passaram de um casamento a outro.
Sempre com homens mais ricos.
E se as olharmos sem roupa, nem são lá essas grandes beldades.
De fato, a questão não é essa.
São somente lindas, ricas e peruas.
E ninguém fala mal delas.
Pelo contrário.

O que você fará quando se tornar *Linda, Rica* e *Perua*

Quando você se tornar linda, rica e perua, poderá adotar os seguintes procedimentos:

Tornar-se ainda mais linda, rica e perua.

Se a sua fome de riqueza ainda não está satisfeita, é evidente que o seu programa deve prosseguir.

Você vai dispor agora das relações que acumulou durante a sua experiência de mulher (ou noiva ou amante) do ricaço de plantão para dar um golpe do baú em outro, talvez do mesmo grupo.

Você já entrou no ambiente.

E continua a navegar.

Obviamente você vai ter todo o cuidado de construir a sua imagem de vítima.

Assim todos serão solidários com você.

Especialmente os amigos *dele*.

E não será difícil encontrar, justamente entre os amigos dele, um consolador.

Leve em conta o fato de que a sua desenvoltura erótica será conhecida de todos os amigos dele.

Os homens, de fato, se são por natureza alheios aos mexericos, estão sempre propensos a contar vantagens das suas mulheres, amantes ou noivas.

E evidentemente deles próprios.

Essa capacidade erótica que você possui, que será do conhecimento de todos, estará sempre acompanhada de suas outras qualidades: alegria, desinteresse, ingenuidade.

Você terá só um inimigo.

As outras mulheres.

Gozar os frutos da rapinagem

Você pode se divertir tendo vida de rica.

Divertir-se em alto estilo.

Refazer-se de todo cansaço, humilhações, frustrações e sofrimentos que teve que agüentar.

Mastigar e cuspir todos os homens que você quiser, ricos ou pobres.

Tornar-se uma dominadora.

Não dar satisfações de sua vida a ninguém.

Não se submeter a ninguém.

E que pode se dar ao luxo de ser você mesma em qualquer ocasião.

Quer dizer, mandar para o inferno quem quiser, quando quiser e como quiser.

Mas não caia na tentação de querer aumentar a sua fortuna com negócios e investimentos.

Vocês, mulheres, não têm jeito para isso.

Nem se deixe tentar pela oferta de ajuda por parte dos homens, certamente muito mais espertos do que você nos negócios.

Sem dúvida são interesseiros e mais cedo ou mais tarde irão ludibriá-la.

Existe uma infinidade de histórias sobre mulheres ricas que se deram mal por ter caído nas mãos de homens sem escrúpulos.

Goze a sua riqueza e pronto.

Não exija mais nada da roleta da vida.

Não se comporte como os jogadores compulsivos que mesmo que estejam ganhando um bilhão continuam jogando até ficar de cuecas.

Faça como os jogadores espertos que param de jogar no momento certo.

Como os empregadinhos de banco que apostam uma única ficha de cem na roleta, ganham dez, pegam nove e vão ao caixa, recebem o lucro e fogem do cassino como ladrões depois de um golpe bem dado, para gastar com a família num restaurante de luxo que normalmente não podem freqüentar.

Goze a sua riqueza e basta.

Não deseje mais.

É mais do que suficiente.

Deixar de ser aventureira e então se casar com um morto de fome

Depois de uma escalada vertiginosa até o ápice do sucesso, da fama, da riqueza depois de um casamento ou mais de um com homens superconhecidos pela sua riqueza e notoriedade, transforme-se, casando-se com um pé-rapado completamente desconhecido.

Geralmente o seu instrutor de tênis, o corretor de seguros ou o motorista.

Aventureiras sem escrúpulos se transformaram em mulheres e mães exemplares.

E desapareceram completamente da cena mundana.

Escondidas numa fazenda do deserto do Arizona.

Que naturalmente elas compraram e pagaram.

À vista, em *cash*.

Assim realizaram o seu sonho de Cinderela.

Que não era o de casar com o Príncipe Encantado rico e famoso, mas com um capaz de fazê-la feliz por toda a vida.

Verdade, é um ideal estupendo para toda mulher.

Uma fazenda toda sua com cavalos e toalhas de xadrez branco e vermelho.

E também um marido, e filhos todos seus.

Você quis comprá-la.

Mas você a ganhou.

Agora você é rica e feliz.

Mas fique atenta a uma coisa.

O morto de fome com quem você se casou pode ser um homem com vontade de se tornar lindo, rico e boa-vida.

E então o frangote, dessa vez, pode ser você.

Dedicar-se a outros projetos de auto-realização

Talvez você tenha escondido sob o espartilho de aventureira uma lupa de entomologista, o rosário de uma missionária ou o crucifixo de uma santa.

Então a sua riqueza servirá para financiar ou para liderar pessoalmente uma expedição na Amazônia ou na ilha de Stewart à procura da borboleta perdida.

Ou quem sabe para construir um hospital na Nigéria.

Ou para adotar negrinhos, mulatinhos e andinos.[1]

Ou talvez você guarde intimamente um projeto de auto-realização espiritual.

E então poderá viajar para a Índia e ajudar um guru no seu *ashram*.

Ou, quem sabe, você quer se tornar um novo Buda.

Então pode comprar meu livro *Como tornar-se um Buda em cinco semanas* e saboreá-lo como doce de abóbora (por cinco semanas, depois veremos).

Ou então, como você agora é rica, pode comprar alguns milhares de Budinhas e dar de presente a tantas mulheres pobres que não pertencem ao Buda, mas aos mortos de fome.

Em resumo, é você quem decide.

---

[1] O último não é diminutivo. Esta nota não é racista (odeio todos os racistas, por mim mataria todos). É uma constatação de um fato: os europeus adotam principalmente crianças provenientes da África, da América Central e da América do Sul. Os nossos, italianos, talvez sejam adotados pelos chineses.

Se precisava de dinheiro para a sua auto-realização, agora você tem.

Minha tarefa era somente lhe dizer como ganhar.

No mais, você decide.

Manter o seu alto-astral

Algo que você deve fazer sempre.

O nosso *ego* tem uma tendência natural à *depressão*.

Freud o chamou de "instinto tanatista".

Ou seja, de morte.

Brrr....

O nosso *ego* é como um foguete dirigido para cima.

O combustível que o impulsiona para o alto é o prazer e o sucesso.

Mas o foguete do *ego* é pesado e puxa para baixo, isto é, para a depressão.

Se o empuxo não é suficiente, caímos em depressão, ficamos doentes e morremos precocemente.

O gráfico abaixo demonstra a situação:[2]

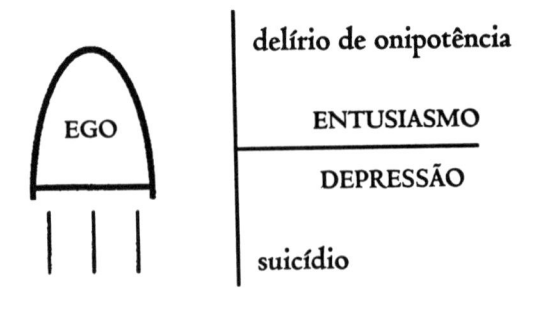

---

[2] Para aprofundar-se nesse tema, ver o meu livro *Come smettere di farsi le seghe mentali e godersi la vita* (Como parar com a masturbação mental e gozar a vida), Ponte alle Grazie, Milão, 2003.

O importante é manter o *Ego* em estado de *entusiasmo*.

O perigo não é acabar no *delírio de onipotência*, mas em *suicídio*.

Como se vê pelo fato de que há muito mais suicidas do que ditadores.

A doença é um suicídio inconsciente.

Enquanto o foguete do *Ego* estiver numa zona de entusiasmo, estamos bem, somos felizes e vivemos em perfeita saúde.

A nossa vida está OK.

Se entramos em zona de depressão, ficamos infelizes, tristes, vemos a vida como uma tragédia e adoecemos facilmente.

Ora, o perigo que você corre uma vez que se tornou linda, rica e perua é de sofrer um *complexo de culpa*.

"Fui gananciosa, insensível, egoísta, perua."

É verdade, mas o que há de mau nisso?

Todos são assim.

Até *ele*.

Especialmente ele.

Que não enriqueceu sendo o bom samaritano, ao contrário.

Pense na felicidade que você lhe deu.

Todos nós defendemos nosso próprio *Ego*, consciente ou inconscientemente.

Fique tranqüila: todo mundo faz a mesma coisa.

Até o mais santo dos santos.

Como é que acha que chegou a santo?

Porque se sentiu santo.

Por exaltar o seu próprio *Ego*.

Talvez o faça inconscientemente, mas faz.

Você está mais lúcida e agiu conscientemente.

Ficou rica.

Você pegou o pedaço de torta que a vida lhe devia.

Assim, você se recuperou de todos os pontapés na bunda que a vida lhe deu.

Especialmente dos homens.

Uma coisa sacrossanta.

Completamente legítima.

Você o conseguiu mediante a construção da sua segurança econômica.

Que mal há nisso?

Se pudessem, todas o fariam.

Mas não são bastante lindas, ricas e peruas.

Como você.

Impresso no Brasil pelo
Sistema Cameron da Divisão Gráfica da
DISTRIBUIDORA RECORD DE SERVIÇOS DE IMPRENSA S.A.
Rua Argentina 171 – Rio de Janeiro, RJ – 20921-380 – Tel.: 2585-2000